Diese Persönliche Chronik ist für:

Das Buch vom

29.

AUGUST

Ein ganz besonderer Tag

Der 29. August

... ein ganz besonderer Tag

Seinen Namen erhielt der August, weil sich der römische Feldherr Octavian Augustus 8 v. Chr. ein Denkmal setzen wollte. Er gab dem Monat Sextilis seinen Beinamen, weil er in ihm große Erfolge errungen, u.a. Ägypten erobert, hatte. Der achte Monat August wird auch Ernte- oder Ährenmonat genannt. Auf dem Land wird deshalb Ende August häufig die Kirmes (Kirchweih) gefeiert.
Der immerwährende Kalender verzeichnet für den 29. August die Namenspatrone Beatrice, Sabina und Theodora.
Der 29. August war immer ein Tag großer Ereignisse und Geburtstag bedeutender Personen:

1533 zerfiel mit der Ermordung des letzten Inkakönigs Atahualpa durch die Spanier das Inkareich in den südamerikanischen Anden.
1756 begann mit dem Einmarsch der Preußen nach Sachsen der Siebenjährige Krieg.
1787 wurde in Hamburg Friedrich Schillers Drama »Don Carlos« uraufgeführt.

Die schwedische Schauspielerin Ingrid Bergman wurde am 29. August 1915 geboren, am gleichen Tag im Jahr 1958 erblickte der US-amerikanische Popstar Michael Jackson das Licht der Welt.

Was die Sterne sagen

Im Zeichen der Jungfrau
24. August bis 23. September

Der 29. August fällt in die erste Jungfrau-Dekade. Dem Sternzeichen Jungfrau ist in der Astrologie wie dem Steinbock und dem Stier das Naturelement Erde zugeordnet.

Jungfrau-Geborene sind introvertierte, verstandesbetonte Menschen, die sich meistens bescheiden im Hintergrund halten. Ihr Ordnungssinn und ihr Blick fürs Detail sind beinahe schon sprichwörtlich. Mit Vorsicht, Ausdauer und mit systematischem Planen verwirklichen sie berufliche und private Ziele. Sie agieren stets pflichtbewußt und mit einem Hang zur Perfektion. Stimmungen und Launen sind ihnen fremd. Typische Jungfrau war in dieser Hinsicht die immer etwas distanziert wirkende schwedische Schauspielerin Ingrid Bergman, die am 29. August 1915 geboren wurde. Zu ihren großen Erfolgen zählt der inzwischen zum Kultfilm avancierte Streifen »Casablanca« (1942). Nicht selten wählen Jungfrau-Geborene auch Tätigkeiten, die ein gutes Zahlenverständnis erfordern, wie Steuerberater oder Bankangestellter.

Ein störender Nebeneffekt des guten Gedächtnisses der Jungfrauen ist, daß sie meistens nachtragend sind. Ihre große Kritiklust macht sie manchmal unbeliebt. Mit der Fixierung auf Einzelheiten verlieren sie gelegentlich das große Ganze aus dem Blick.

1900-1909

Highlights des Jahrzehnts

1900
- Weltausstellung in Paris
- Niederschlagung des Boxeraufstandes in China
- Uraufführung der Oper »Tosca« von Giacomo Puccini in Rom
- Probefahrt des ersten Zeppelins »LZ 1«

1901
- Die britische Königin Victoria stirbt
- Erste Nobelpreise verliehen
- Thomas Mann veröffentlicht die »Buddenbrooks«
- Mordattentat auf US-Präsident McKinley, Theodore Roosevelt wird Nachfolger

1902
- Beendigung des Burenkrieges in Südafrika
- Krönung Eduards VII. zum König von Großbritannien
- Inbetriebnahme der Transsibirischen Eisenbahn
- Kunstströmung »Jugendstil« auf dem Höhepunkt

1903
- Serbischer König Alexander I. ermordet
- Erste Tour de France
- Erster Motorflug der Brüder Wright
- Kampf der Suffragetten um das Frauenwahlrecht
- Margarethe Steiff präsentiert den »Teddy-Bären«

1904
- Hereroaufstand in Deutsch-Südwestafrika
- Beginn des Russisch-Japanischen Krieges
- Arthur Korn gelingt die erste Bildtelegraphie

1905
- Petersburger »Blutsonntag«
- Tangerbesuch Wilhelms II. führt zur Ersten Marokkokrise
- Albert Einstein entwickelt »Spezielle Relativitätstheorie«
- Künstlergemeinschaft »Die Brücke« wird gegründet

1906
- Revolutionäre Unruhen und erstes Parlament in Rußland
- Roald Amundsen durchfährt die Nordwestpassage
- Dreyfus-Affäre beigelegt
- Erdbeben verwüstet San Francisco

1907
- Pablo Picasso malt »Les Demoiselles d'Avignon« und begründet den Kubismus
- Erste Farbfotografien von Louis Jean Lumière

1908
- Ford baut Modell T (»Tin Lizzy«)
- Österreich-Ungarn annektiert Bosnien und Herzegowina
- Durchbruch der olympischen Idee bei Spielen in London
- 30 000 Jahre alte Statuette (Venus von Willendorf) gefunden

1909
- Robert E. Peary erreicht als erster Mensch den Nordpol
- Louis Blériot überfliegt den Ärmelkanal
- Unruhen in Persien: Schah Mohammed Ali dankt ab

◀ Auf der Jagd nach Reichtum und Glück: Goldsucher in Alaska (1901)

1900

Mittwoch 29. August

Politik

Das US-Außenministerium veröffentlicht in Washington eine Mitteilung über die russische und die US-amerikanische Politik in China, zwischen der weitgehend Übereinstimmung herrsche. Am 29. September verläßt das bereits zuvor verringerte russische Kommando Peking, nur eine Gesandtschaftswache von 2000 Mann bleibt zurück. Drei Tage zuvor haben auch die USA ihre Truppen abgezogen.

Stars der Jahre 1900–1909

Isadora Duncan
Tänzerin
Gustav Mahler
Komponist/Dirigent
Anna Pawlowa
Tänzerin
Sarah Bernhardt
Schauspielerin
Orville/Wilbur Wright
Flieger

Gesellschaft

Vor dem Schwurgericht in Mailand beginnt der Prozeß gegen den Anarchisten Gaetano Bresci, der am 29. Juli König Umberto I. von Italien ermordet hat. Bresci wird am folgenden Tag zu lebenslänglicher Kerkerhaft verurteilt. Das Gericht stellt fest, daß ein Komplott zur Ermordung des Königs bestanden habe.

Wetter

Hochsommerlich warm und für Ausflügler erfreulich regenarm präsentiert sich der August 1900. Mit 32 mm Niederschlag wird der Durchschnittswert von 68 mm um mehr als die Hälfte unterschritten.

1901

Donnerstag **29.** *August*

Politik

Generalsekretär des Internationalen Schiedsgerichtshofes wird der bisherige Generalsekretär im niederländischen Außenministerium, Ruyffenaerz. Der Schiedshof wurde im April gebildet.

Sport

Auf Siegerkurs ist der französische Radsportler Maurice Garin. Am folgenden Tag gewinnt er vor seinem Landsmann Gaston Rivierre das 1200-km-Rennen von Paris nach Brest und zurück. Die Strapazen für die Fahrer sind unvorstellbar groß. Die Fahrräder, mit aktuellem Technik- und »Komfort«-Standard versehen, sind dennoch kaum geeignet für die »Mammut«-Distanz über unbefestigte Wege oder mit Geröllstein aufgeschüttete Strecken. Kopfsteinpflaster ist dagegen fast eine Erholung für die Fahrer. Das Rennen Paris-Brest findet nur alle zehn Jahre statt.

Wetter

Hochsommerlich warme und trockene Witterung kennzeichnet den August 1901. Die von den Meteorologen an den Wetterstationen gemessene Durchschnittstemperatur liegt mit 18,8 °C um 1,6 °C über dem langjährigen Monatsmittel. Es fällt lediglich 35 mm Niederschlag (Mittelwert: 68 mm).

1902

Freitag 29. August

 Gesellschaft

Eine Protestresolution gegen die Erhöhung der Fleischpreise befürworten die Teilnehmer einer Massenversammlung in Frankfurt am Main.

 Gesellschaft

Die Hochzeitsvorbereitungen laufen auf vollen Touren: Am folgenden Tag heiraten in Zarskoje Selo, dem Sommeraufenthaltsort des russischen Zaren, die russische Großfürstin Helene, Tochter des Großfürsten Wladimir, und Prinz Nikolaus von Griechenland.

 Politik

Unter den italienischen Arbeitern macht sich Unmut breit. Am Sonntag entlädt sich die Spannung; ein Generalstreik beginnt in Florenz. Auch die Seidenweber von Como treten in den Ausstand.

 Wetter

Mit 15,9 °C eher kühl, macht der August 1902 einem Sommermonat wenig Ehre. Im langjährigen Durchschnitt liegt die August-Temperatur bei 17,2 °C. Die an den Wetterstationen aufgefangene Niederschlagsmenge bewegt sich mit 78 mm leicht über dem statistischen Mittelwert von 68 mm.

1903

Samstag 29. August

Kultur

Das Apollotheater in der Reichshauptstadt Berlin bringt zwei Streifen aus dem Atelier des Filmpioniers Oskar Meßter zur Uraufführung, »Der lustige Ehemann« und »Der Specht«.

Politik

Der russische Finanzminister Sergei Witte wird von Zar Nikolaus II. »gebeten«, von seinem Amt als Vorsitzender des Ministerkomitees zurückzutreten. Statt dessen überträgt der Monarch dem Vertreter einer liberalen Wirtschafts- und Finanzpolitik die Präsidentschaft des Gremiums. Aufgrund der Struktur der Regierung des Zaren ist Wittes Einflußbereich damit wesentlich eingeschränkt.

Politik

Der Delegiertentag der National-Sozialen Partei in Göttingen beschließt die Auflösung der Organisation aufgrund des geringen Erfolgs bei den Reichstagswahlen am 16. Juni.

Wetter

Ein mäßig schöner Sommermonat ist der August 1903. Die Durchschnittstemperatur liegt mit angenehmen 17,2 °C exakt im langjährigen Mittel.

1904

Montag 29. August

 Gesellschaft

Der erste Allgemeine Innungs- und Handwerkertag beginnt in Magdeburg. Auf dem Programm stehen Fragen der Handwerks- und Mittelstandspolitik. Verschiedene Anträge sehen u.a. das Verbot des Streikpostenstehens und den Schutz von Arbeitswilligen vor.

 Politik

»Linie ohne Bauch«: Das Korsett, ein modisches Muß für die elegante Frau

Die russische und die japanische Armee gehen in der zentralen Mandschurei in ihre Stellungen. Am 30. August treffen sie aufeinander. In der verlustreichen Schlacht kämpfen 158 000 Russen gegen 125 000 Japaner. Obwohl die japanischen Verluste höher sind als die russischen, hält der russische Oberbefehlshaber Alexei N. Kuropatkin seine Armee für geschlagen. Am 3. September ordnet er den Rückzug an.

 Wetter

Als rundum vorbildlicher Sommermonat zeigt sich der August 1904. Die Durchschnittstemperatur liegt mit 18,5 °C um 1,3 °C über dem langjährigen Mittel. Außerdem fällt lediglich 35 mm Regen.

1905

Dienstag **29.** *August*

Technik

In Stettin findet in Gegenwart des deutschen Kaiserpaares der Stapellauf des Passagierdampfers »Kaiserin Auguste Viktoria« statt. Der Luxusliner, der mit dem höchsten Komfort ausgestattet ist, hat eine Wasserverdrängung von 425 000 BRT und bietet Platz für mehr als 4000 Passagiere. Die Höchstgeschwindigkeit des Schiffes beträgt 23,6 Knoten. Wie alle bisher gebauten Nordatlantik-Schnelldampfer wird auch die »Kaiserin Auguste Viktoria« von Kolbenmaschinen angetrieben.

Politik

Rußland und Japan einigen sich in Portsmouth (USA) auf die Bedingungen zum Abschluß eines Friedensvertrags. Er wird am 5. September unterzeichnet.

Wetter

Angenehm warm, mit 18,2 °C insgesamt 1 °C über dem langjährig registrierten Mittelwert, ist der August 1905. Vorsicht ist allerdings bei Wanderungen und Ausflugsfahrten geboten. Es fällt insgesamt 78 mm Regen, 10 mm mehr als gewöhnlich.

Gute Figur in Sakkoanzug und Wettermantel: Die Mode für den Herrn

Mittwoch **29.** *August*

Gesellschaft

Auf den Namen Wilhelm Friedrich Franz Joseph Christian Olaf wird in Potsdam der erste Sohn des deutschen Kronprinzen Wilhelm getauft. Eine große Zahl von Monarchen hat die Patenschaft bei dem Täufling übernommen, darunter König Edward VII. von Großbritannien und Irland, Kaiser Franz Joseph I. von Österreich, Zar Nikolaus II. von Rußland und König Håkon VII. von Norwegen. Die königlichen Paten haben Vertreter zur Taufe entsandt.

Preise in den Jahren 1900–1909

1 kg Butter	2,46
1 kg Mehl	0,35
1 kg Fleisch	1,55
1 Ei	1,05
1 l Vollmilch	1,00
10 kg Kartoffeln	0,65

in Mark, Stand 1905

Gesellschaft

In Spanien ist die Zivilehe eingeführt worden. Ein Erlaß des spanischen König Alfons XIII. vom Dienstag hat dies - trotz Protesten aus Rom - möglich gemacht. Die Verpflichtung für die Ehegatten, bei der Trauung ihren Glauben anzugeben, fällt weg.

Wetter

Sehr schönes Sommerwetter lädt im August 1906 zu allen Aktivitäten im Freien ein. Die mittlere Temperatur liegt mit 18,2 °C um 1 °C über dem Mittelwert, die Regenneigung ist gering.

1907

Donnerstag 29. August

Politik

Zu einem Friedenskongreß laden US-Präsident Theodore Roosevelt und der mexikanische Diktator Porfirio Díaz die mittelamerikanischen Staaten nach Washington ein.

Politik

Die europäischen Großmächte pokern um die Macht. Großbritannien und Rußland verständigen sich am 31. August im Petersburger Vertrag auf eine Gebietsabgrenzung in Persien, Afghanistan und Tibet. Durch diesen Vertrag wird die britisch-französische Entente cordiale zur Tripelallianz zwischen Großbritannien, Frankreich und Rußland. Zugleich werden die Bündnissysteme festgeschrieben, wie sie bis zum Ausbruch des Ersten Weltkriegs bestehen: Auf der einen Seite die alliierten Mächte Großbritannien, Frankreich und Rußland, auf der anderen Seite die Dreibundpartner Deutsches Reich, Österreich-Ungarn und Italien.

Wetter

Für die Jahreszeit eher zu kühl präsentiert sich der August 1907. Die mittlere Temperatur liegt mit 16,7 °C ein halbes Grad unter dem langjährig ermittelten Durchschnittswert. Dafür regnet es mit 59 mm ganze 9 mm weniger als im statistischen Mittel.

1908

Samstag **29.** *August*

 Politik

In der Wiener Tageszeitung »Neue Freie Presse« werden Gerüchte über eine bevorstehende Annexion Bosniens und der Herzegowina durch Regierungsvertreter Österreich-Ungarns dementiert. Die Gerüchte seien vor allem durch südslawische und französische Zeitungen verbreitet worden.

Rekorde 1900–1909

400 m: Maxey Long (USA) – 47,8 sec (1900)
Weitsprung: Peter O' Connor (IRL) – 7,61 m (1901)
Stabhochsprung: Walter Dray (USA) – 3,90 m (1908)
Kugelstoßen: R. Rose (USA) – 15,56 m (1909)

 Gesellschaft

Seit Ausbruch der Cholera am 21. Juli sind in Petersburg 3341 Menschen an der Seuche erkrankt.

Gesellschaft

Die US-Arbeitervereinigung bekämpft den republikanischen Präsidentschaftskandidaten William Howard Taft. Darauf verständigten sich die Delegierten in New York.

 Wetter

Zu kühl für den Hochsommer ist der August 1908. Die von den Meteorologen registrierte mittlere Lufttemperatur liegt 0,6 °C unter dem langjährigen Mittel von 17,2 °C. Es fällt nur 49 mm Niederschlag.

1909

Sonntag 29. August

Sport

Die Deutschen Leichtathletikmeisterschaften werden in Frankfurt am Main ausgetragen. Zum Wettkampfprogramm gehören erstmals Kugelstoßen und Stabhochsprung. Erfolgreichster Teilnehmer ist Robert Pasemann aus Kiel. Er überbietet sowohl im Hochsprung mit 1,80 m als auch im Stabhochsprung mit einer Höhe von 3,41 m die bisherigen Bestmarken.

Technik

Auf dem Tegeler Schießplatz landet der Zeppelin »LZ 3«, dessen Besatzung anschließend von Kaiser Wilhelm II. empfangen wird.

Gesellschaft

Die 56. Generalversammlung der Katholiken Deutschlands beginnt in der schlesischen Stadt Breslau.

> Die Garnisonskirche in Potsdam, die im Frühjahr 1909 durch einen Brand zerstört wurde, wird nach aufwendiger Restauration wieder eingeweiht.

Wetter

Ein schöner Sommermonat August lädt im Jahr 1909 mit überdurchschnittlich warmen Temperaturen zum Aufenthalt im Freien ein. Mit 73 mm Niederschlag regnet es nur wenig mehr als sonst.

1910-1919

Highlights des Jahrzehnts

1910
- Georg V. wird nach dem Tod Eduards VII. britischer König
- Der Halleysche Komet passiert die Erde
- Bürgerliche Revolution beendet Monarchie in Portugal
- Wassily Kandinsky begründet die abstrakte Malerei
- Sieg des Schwarzen Jack Johnson bei Box-WM

1911
- Bürgerkrieg in Mexiko
- »Panthersprung nach Agadir« löst Zweite Marokkokrise aus
- Militärputsch leitet chinesische Revolution ein
- Roald Amundsen gewinnt den Wettlauf zum Südpol

1912
- Erster Balkankrieg
- Woodrow Wilson wird 28. US-Präsident
- Untergang der »Titanic«
- Büste der ägyptischen Königin Nofretete gefunden

1913
- Zweiter Balkankrieg
- Niels Bohr entwirft neues Atommodell
- Größter Bahnhof der Welt (Grand Central Station) in New York eingeweiht

1914
- Österreichs Thronfolger in Sarajevo ermordet
- Ausbruch des Ersten Weltkrieges
- Eröffnung des Panamakanals

1915
- Stellungskrieg im Westen
- Beginn der Ostoffensive
- Charlie Chaplin wird mit »Der Tramp« Star des US-Kinos
- Versenkung der »Lusitania« durch ein deutsches U-Boot

1916
- Schlacht um Verdun
- Osteraufstand in Irland niedergeschlagen
- Seeschlacht vor dem Skagerrak
- Der österreichische Kaiser Franz Joseph I. stirbt
- Rasputin ermordet

1917
- Beginn des uneingeschränkten U-Boot-Krieges
- Zar Nikolaus II. dankt ab
- Oktoberrevolution in Rußland

1918
- US-Präsident Wilson verkündet 14-Punkte-Programm zur Beendigung des Krieges
- Russische Zarenfamilie ermordet
- Waffenstillstand von Compiègne beendet Ersten Weltkrieg
- Novemberrevolution: Kaiser Wilhelm II. dankt ab, Philipp Scheidemann ruft die deutsche Republik aus

1919
- Spartakusaufstand niedergeschlagen
- Rosa Luxemburg und Karl Liebknecht ermordet
- Friedrich Ebert erster Reichspräsident
- Versailler Vertrag

◄ Schöne Spionin in deutschem Auftrag: Mata Hari wird 1917 erschossen

1910

Montag 29. August

 Politik

Das Fürstentum Montenegro wird zum Königreich erhoben. Der russische Zar Nikolaus II. ernennt König Nikolaus I. von Montenegro zum Generalfeldmarschall der russischen Armee. Nikolaus I. führte von 1876 bis 1878 im Bund mit Serbien und Rußland einen Krieg gegen das Osmanische Reich, der ihm einen erheblichen Gebietszuwachs und die Anerkennung der Unabhängigkeit eintrug.

 Politik

Die türkische Regierung in Konstantinopel erklärt in einer Protestnote an die Großmächte die Wahl von Kretern zur griechischen Nationalversammlung zum feindlichen Akt Griechenlands gegen die türkischen Hoheitsrechte auf der Insel.

 Gesellschaft

In Spandau (Berlin) werden von den Behörden zwei Fälle von Cholera registriert.

 Wetter

Hoffnungslos verregnet ist der August 1910. Mit 167 mm Niederschlag wird der Durchschnittswert von 68 mm klar überboten. Die mittlere Lufttemperatur liegt bei angenehmen 17,4 °C.

1911

Dienstag 29. August

Gesellschaft

Durch eine Änderung von Paragraph 188 der Statuten der kaiserlichen russischen Familie wird bestimmt, daß künftig kein Großfürst und keine Großfürstin die Ehe mit einer Person eingehen darf, die keinem regierenden oder standesherrlichen Hause angehört.

Gesellschaft

In Europa herrscht eine Hitzewelle. Wegen des Wassermangels infolge des extrem heißen und trockenen Sommers werden am 31. August die großen Herbstmanöver in Schweden abgesagt. Nicht nur das Deutsche Reich und andere europäische Staaten sind - mit teilweise katastrophalen Folgen für die Landwirtschaft - von der tropischen Glut betroffen, im Vergleich zu den USA ist die Hitze sogar noch erträglich. Bei 40 °C im Schatten erleiden in New York Tausende Hitzschläge.

Wetter

Eine wochenlange Hitzewelle schlägt im August 1911 in Deutschland alle Rekorde. Die an den Wetterstationen gemessene mittlere Temperatur liegt mit 21,1 °C fast 4 °C über dem langjährig ermittelten Durchschnittswert. Um sich Kühlung zu verschaffen, springen die Menschen in die Brunnen.

1912

Donnerstag 29. August

 Gesellschaft

Eine als geisteskrank bezeichnete Frau greift mit einem Messer den US-amerikanischen Präsidenten William H. Taft während seiner Wahlreise in Columbus (Ohio) an. Das Attentat kann jedoch von Sicherheitskräften verhindert werden.

 Gesellschaft

In Tschita (Sibirien) entgleist der Expreßzug, in dem Prinz Heinrich von Preußen und sein Gefolge nach Japan unterwegs sind, so daß ein zwölfstündiger Aufenthalt in Kauf genommen werden muß.

 Kultur

Anläßlich des 50. Geburtstages des belgischen Dramatikers Maurice Maeterlinck wird im Deutschen Theater in Berlin »Aglavaine und Selysette« von Maeterlinck aufgeführt.

 Wetter

Seine kühle Schulter zeigt der August 1912 allen Ausflüglern und Touristen. Die mittlere Temperatur liegt mit 15,8 °C um 1,4 °C unter dem Durchschnitt. Leider regnet es auch mehr als üblich. 76 mm Niederschlag werden von den Meteorologen an den Wetterstationen gemessen.

1913

Freitag 29. August

Gesellschaft

Ein Wohltätigkeitskonzert in München erbringt 24 000 Mark für den Erwerb des Anti-Krebs-Mittels Mesothorium durch die Frauenklinik und chirurgische Klinik. Mitwirkende ist u.a. Maud Fay.

Gesellschaft

Nachdem das Berliner kommunale Untersuchungsamt für gewerbliche und hygienische Zwecke in der von Privatbetrieben für die Berliner Armenpflege gelieferten Milch wiederholt Verunreinigungen feststellte, deckt die Stadt in einem kommunalpolitisch einmaligen Modell ihren entsprechenden Bedarf künftig aus eigenen Landwirtschaftsgütern.

Preise in den Jahren 1910–1919

1 kg Butter	2,74
1 kg Mehl	1,90
1 kg Fleisch	3,00
1 Ei	0,13
1 l Vollmilch	0,25
10 kg Kartoffeln	3,30
Stundenlohn	0,66

in Mark, Stand 1913

Politik

Der Liberale Pieter Wilhelm Adriaan Cort van der Linden wird niederländischer Ministerpräsident.

Wetter

Als schöner Sommermonat präsentiert sich der August 1913. Die mittlere Lufttemperatur liegt bei 17,0 °C. Die Niederschlagsmenge beträgt 58 mm.

1914

Samstag 29. August

 Politik

Der politisch rechtsorientierte Reichsverband gegen die Sozialdemokratie teilt mit, daß er seine agitatorische Tätigkeit angesichts der positiven Haltung der Sozialdemokraten zum Krieg einstellen werde. Dabei drückt er die Hoffnung aus, daß künftig eine Bekämpfung der Sozialdemokratie aus politischen Gründen nicht mehr notwendig sein werde.

Stars der Jahre 1910–1919

David Wark Griffith
Filmregisseur
Mary Pickford
Filmschauspielerin
Enrico Caruso
Sänger
Douglas Fairbanks
Filmschauspieler
Charlie Chaplin
Filmschauspieler

 Politik

In der Nähe der nordfranzösischen Stadt Saint-Quentin toben Kämpfe zwischen Deutschen und Franzosen. Die vorrückende 2. deutsche Armee unter Befehl von Generaloberst Karl von Bülow wehrt am Sonntag nach zweitägigen Kämpfen nur mit Mühe eine Gegenoffensive ab.

Wetter

Ein herrlich warmer und trockener Monat ist der August 1914. Die an den Meßstationen registrierte durchschnittliche Temperatur liegt bei 19,2 °C. Sie ist damit um genau 2 °C höher als gewöhnlich. Es regnet nur spärlich. Insgesamt nur 21 mm Niederschlag registrieren die Wetterfrösche.

1915

Sonntag 29. August

Politik

Die japanische Regierung beschließt verstärkte Anstrengungen, um die Munitionsproduktion für die Alliierten, besonders für Rußland, zu erhöhen.

Gesellschaft

Ein antideutscher Bund existiert in Großbritannien. Er wurde am Vortag gegründet und soll u.a. Deutschen die Einwanderung gesetzlich erschweren sowie wirtschaftliche Sanktionen durchsetzen.

Gesellschaft

Hunderttausende Soldaten geraten an der Ostfront in Gefangenschaft. Im gesamten Monat werden von den Mittelmächten etwa 270 000 Personen inhaftiert. Am 5. August besetzten deutsche Truppen Warschau. Im Rahmen der im Juli begonnenen Großoffensive der Mittelmächte an der Ostfront zwischen Ostsee und San zogen Einheiten der Heeresgruppe von Prinz Leopold von Bayern in die von den Russen geräumte polnische Hauptstadt ein.

Wetter

Regenkleidung sollte im August 1915 nicht vergessen werden. Über 110 mm Niederschlag freuen sich nur die Landwirte (Durchschnitt: 68 mm).

1916

Dienstag 29. August

 Politik

Der Kongreß der USA verabschiedet die Jones-Akte, in der die Absicht der Vereinigten Staaten bekräftigt wird, den Philippinen die staatliche Unabhängigkeit zu geben, sofern eine stabile Regierung gebildet worden ist. 1898 hatten die USA die Spanier als Kolonialmacht auf den Philippinen abgelöst: Durch den Vertrag von Paris, der den Krieg zwischen Spanien und den USA beendet hatte, wurde auch die 350jährige Herrschaft der Spanier beendet.

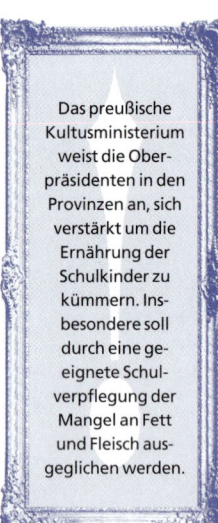

Das preußische Kultusministerium weist die Oberpräsidenten in den Provinzen an, sich verstärkt um die Ernährung der Schulkinder zu kümmern. Insbesondere soll durch eine geeignete Schulverpflegung der Mangel an Fett und Fleisch ausgeglichen werden.

 Politik

In den USA wird der Council of National Defense gebildet. Er hat die Aufgabe, zur Erhöhung der nationalen Sicherheit die Rüstungsindustrie zu koordinieren und eine sinnvolle Ausnutzung der Rohstoffquellen sicherzustellen.

 *Wetter*

Trocken und durchschnittlich warm ist der August 1916. Die an den Wetterstationen gemessene mittlere Lufttemperatur liegt bei 17,2 °C, die Niederschlagsmenge beträgt lediglich 41 mm.

1917

Mittwoch 29. August

Politik

Über die Kriegslage beraten in Berlin die sozialdemokratischen Parteien der Mittelmächte.

Politik

Der russische Ministerpräsident Alexandr F. Kerenski weigert sich, eine konstituierende Versammlung vor Kriegsende einzuberufen.

Gesellschaft

Seit Jahresbeginn haben sich durchschnittlich 7% der Bevölkerung in Gemeinden mit über 10 000 Einwohnern an der öffentlichen Massenspeisung beteiligt. Das gab das Kriegsernährungsamt in Berlin bekannt. Das Amt wies darauf hin, daß die Kapazität der Einrichtungen dazu ausreiche, rd. 20% der städtischen Bevölkerung täglich mit einem warmen Essen zu versorgen.

Rekorde 1910–1919

Schwimmen: H. Hebner (USA) – 1:20,8 min/100 m Rücken (1912)
100 m: Nina Popowa (RUS) – 13,1 sec (1913)
Hochsprung: C. Larson (USA) – 2,03 m (1917)
Speerwerfen: Jonni Myyrä (FIN) – 66,10 m (1919)

Wetter

Besuche im Freibad sind im August 1917 das richtige Mittel, um sich angesichts des schönen Sommerwetters Abkühlung zu verschaffen.

1918

Donnerstag 29. August

 Politik

Der Gründungskongreß der kommunistischen Partei in Finnland beginnt in Moskau.

 Gesellschaft

Die Behörden warnen - angesichts der zunehmenden Zahl von Ruhrerkrankungen - vor unvorsichtigem Kontakt mit infizierten Personen etwa durch Benutzung des gleichen Eßgeschirrs.

 *Sport*

Pferderennen sind im Deutschen Reich umstritten. Das Kartell westdeutscher Rennvereine trat am Vortag allen Regierungsvorhaben energisch entgegen, Pferderennen bis Kriegsende zu verbieten. Die Gegner der Pferderennen befürchten, daß von den Pferdewetten eine große Versuchung zu disziplinlosem Verhalten ausgehe, das den Kriegserfolg entscheidend gefährden könne.

Die Herrenkleidung wird sportlicher. Dazu gehört der weiche Hut

 *Wetter*

Kühles und regnerisches Wetter lädt im August 1918 nicht unbedingt zu Spaziergängen ein.

1919

Freitag 29. August

Technik

In Lyngby, nordwestlich von Kopenhagen, wird die erste dänische Radiotelegrafenanlage offiziell in Betrieb genommen.

Kultur

Die Nationalisierung des russischen Theaters ist eingeleitet. Der sowjetische Partei- und Regierungschef Wladimir I. Lenin unterzeichnete am 26. August in Moskau das Dekret des Rats der Volkskommissare über die Vereinigung des Theaterwesens in Sowjetrußland. Die alten Theater werden als Akademische Theater dem Volkskommissariat für Volksbildung unterstellt, das von dem Dramatiker Anatoli W. Lunatscharski geleitet wird. Schon 1918 hatte die Sowjetregierung das Dekret zur Überführung der russischen Klassiker in Staatseigentum erlassen.

Das praktische Sportkleid für die Jagd und für Bergtouren

Wetter

Nur 32 mm Regen fällt im August 1919. Die Niederschlagsmenge ist damit knapp halb so hoch wie gewöhnlich. Die mittlere Lufttemperatur liegt mit 16,6 °C etwas unter dem langjährigen Mittelwert.

1920–1929

Highlights des Jahrzehnts

1920
Prohibition: Alkoholverbot in den USA
NSDAP verabschiedet ihr Programm
Kapp-Putsch scheitert
Erstmals Salzburger Festspiele

1921
Alliierte besetzen das Rheinland
Hitler wird NSDAP-Vorsitzender
Hormon Insulin entdeckt
Rudolph Valentino wird Frauenidol
Vertrag von Sèvres bedeutet Ende des Osmanischen Reichs

1922
Hungersnot in Rußland
»Deutschlandlied« wird zur Nationalhymne erklärt
Mussolinis Marsch auf Rom
Gründung der UdSSR
Grab des Tutanchamun entdeckt
Deutsch-russische Annäherung durch Vertrag von Rapallo
Gründung der BBC
Johnny Weissmuller stellt über 100 m Kraul den ersten seiner 67 Weltrekorde auf (58,6 sec)

1923
Franzosen besetzen Ruhrgebiet
Hitlers Putschversuch scheitert
Währungsreform beendet Inflation im Deutschen Reich
Die Türkei wird Republik

1924
Erstmals Olympische Winterspiele
Revolutionsführer Lenin stirbt
Dawes-Plan lockert finanzielle Zwänge für Deutschland
VIII. Olympische Spiele: Läufer Paavo Nurmi gewinnt 5 Goldmedaillen

1925
- Einparteiendiktatur in Italien
- Neugründung der NSDAP
- Hindenburg wird nach dem Tod Eberts Reichspräsident
- Europäische Entspannung durch Locarno-Pakt
- Joséphine Baker wird im Bananenröckchen zum Weltstar

1926
- Japans Kaiser Hirohito besteigt den Thron
- Militärputsch Pilsudskis in Polen
- Walt Disneys Mickey Mouse erblickt das Licht der Welt
- Deutschland im Völkerbund

1927
- Stalin entmachtet politische Gegner
- Charles Lindbergh überfliegt den Atlantik
- Uraufführung des Films »Metropolis« von Fritz Lang

1928
- Briand-Kellogg-Pakt zur Kriegsächtung unterzeichnet
- Alexander Fleming entdeckt das Penicillin
- »Dreigroschenoper« von Brecht und Weill uraufgeführt
- Erste Transatlantik-Fluglinie

1929
- Youngplan regelt Reparationen
- »Schwarzer Freitag« in New York löst Weltwirtschaftskrise aus
- Erste Oscar-Verleihung in Hollywood
- Antikriegs-Roman »Im Westen nichts Neues« von Erich Maria Remarque

► Der Charleston erobert in den 20er Jahren weltweit die Tanzsäle

1920

Sonntag **29.** *August*

 Politik

Im Rahmen des Versailler Vertrages liefert das Deutsche Reich das Luftschiff »L 61« an Italien aus. Es hat als erster lenkbarer Zeppelin die Alpen überflogen. Bereits am 10. Juli konnten zahlreiche Schaulustige in Paris die Überquerung der französischen Hauptstadt durch den Zeppelin »L 72« beobachten, der ebenfalls im Rahmen der deutschen Reparationsverpflichtungen an Frankreich ausgeliefert werden mußte.

 Politik

Auf Initiative der Deutschen Demokratischen Partei (DDP) wird in Friedrichshafen ein sog. demokratischer Bodenseetag abgehalten. Teilnehmer sind DDP-Anhänger aus den deutschen Bodensee-Anrainerländern, darunter Reichswehrminister Otto Geßler. Die Delegationen einigen sich auf die Bildung einer Arbeitsgemeinschaft der drei demokratischen Landtagsfraktionen in Baden, Bayern und Württemberg mit dem Ziel einer engeren politischen Zusammenarbeit.

 *Wetter*

Mit 16,2 °C ist die Durchschnittstemperatur im August 1920 um 1 °C niedriger als der langjährig registrierte Mittelwert. Es regnet insgesamt 72 mm.

1921

Montag 29. August

Politik

Reichspräsident Friedrich Ebert (SPD) verhängt nach dem Mord an Matthias Erzberger den Ausnahmezustand über das Deutsche Reich. Unter Anwendung des Art. 48 der Verfassung werden in Einzelfällen die Presse- und die Versammlungsfreiheit eingeschränkt.

Gesellschaft

Der erste internationale anthroposophische Kongreß findet bis zum 7. September in Stuttgart statt. Hauptreferent ist der Begründer der Anthroposophie, Rudolf Steiner. Die Anthroposophie wird allgemein als Weltanschauungslehre bezeichnet, innerhalb der nicht nur das rein »materialistisch Greifbare« erfaßt wird, sondern vor allem auch das »Geistige« und das Gefühl. Wie Rudolf Steiner in seiner »Philosophie der Freiheit« (1894), dem Standardwerk der Anthroposophie, dargelegt hat, ist diese Lehre das Ergebnis eines primär auf dem Denken basierenden Erkenntnisweges.

Wetter

Europa stöhnt im August 1921 unter einer Hitzewelle. Das schöne Wetter schraubt die mittlere Lufttemperatur auf 18,4 °C - über 1 °C mehr als in diesem Hochsommermonat üblich.

1922

Dienstag 29. August

 *Politik*

Einen Sieg erringen die spanischen Soldaten bei Arimidar in den wiederaufgenommenen Kämpfen gegen die Rifkabylen in Spanisch-Marokko. Für den Verlauf des Aufstands bleibt dieser Sieg zunächst ohne Bedeutung. Die Spanier, seit 1919 in ständige Kämpfe mit den Berberstämmen des Rifgebirges verwickelt, können nur zögernd von den ihnen zugeteilten Gebieten Besitz ergreifen.

 *Kultur*

Siegfried Wagner, Sohn des Komponisten Richard Wagner, kündigt eine Reise in die Vereinigten Staaten von Amerika an, um dort von Gönnern der Wagnerschen Musik finanzielle Unterstützung für die Fortsetzung der Bayreuther Festspiele zu erhalten. 1914, im ersten Kriegsjahr, mußten die Spiele mit einem Verlust von 400 000 Mark abgebrochen werden und fanden seitdem nicht wieder statt. Wagner hoffte zunächst, die notwendigen Mittel durch Ausgabe von 6000 Patronatsscheinen zu je 1000 Mark zusammenzubekommen.

 *Wetter*

Als regenarmer aber auch kühler Monat präsentiert sich der August 1922. Die mittlere Lufttemperatur liegt mit 15,8 °C fast 1,5 °C unter dem Mittel.

1923

Mittwoch 29. August

Politik

Die sächsische Regierung verbietet alle zur Feier des Sedantags geplanten Veranstaltungen, weil sie Zusammenstöße zwischen den rechten und linken Verbänden befürchtet. Der Sedantag erinnert an die Kapitulation der Franzosen am 2. September 1870 nach der Schlacht von Sedan im deutsch-französischen Krieg 870/71.

Politik

Über das Wahlergebnis in Irland berichten die Korrespondenten. 63 Kandidaten der Regierungspartei wurden am Vortag gewählt, während die oppositionellen Republikaner in 44 Wahlkreisen gewinnen. Der inhaftierte Führer der Republikaner, Eamon de Valera, erhält in der Grafschaft Clare die Stimmenmehrheit.

> **Stars der 20er Jahre**
>
> **Buster Keaton**
> Filmschauspieler
> **Johnny Weissmuller**
> Schwimmer
> **Rudolph Valentino**
> Filmschauspieler
> **Joséphine Baker**
> Tänzerin
> **Charles Lindbergh**
> Flieger

Wetter

Niedrige Temperaturen bestimmen das Wetter im August 1923. Die an den Wetterstationen gemessene mittlere Lufttemperatur beträgt lediglich 15,7 °C, das sind 1,5 °C weniger als der langjährige Mittelwert registriert. Zum Glück ist der diesjährige August ein trockener Sommermonat.

1924

Freitag 29. August

Politik

Der Reichstag nimmt die umstrittenen Dawes-Gesetze zur Umsetzung des Dawesplanes in der mit Spannung erwarteten Schlußabstimmung doch noch an. Daraufhin kann die am 16. August von der Londoner Konferenz vereinbarte Neuregelung der Reparationen am 30. August unterzeichnet werden.

Politik

Die erste öffentliche Sitzung der 30. Tagung des Völkerbundrats findet in Genf statt. Sie beschäftigt sich mit Abrüstung und Militärkontrolle.

Kultur

Die Büchergilde Gutenberg wird in Leipzig auf Initiative des gewerkschaftlichen Bildungsverbandes der deutschen Buchdrucker gegründet. Nach dem Verein für Bücherfreunde und der Deutschnationalen Hausbücherei ist sie die dritte deutsche Buchgemeinschaft.

Wetter

Eine Strickjacke sollte bei Spaziergängen im August 1924 nicht vergessen werden. Die Temperaturen sind für einen Sommermonat relativ niedrig. Im Monatsmittel erreichen sie lediglich 16,0 °C.

1925

Samstag 29. August

Gesellschaft

Keine Orden im Unterricht: In einem Erlaß des preußischen Kultusministeriums wird u.a. das Tragen von Abzeichen, Bändern und politischen Symbolen in den Schulen, bei Wanderungen und Sportveranstaltungen untersagt.

Gesellschaft

Das Uniformverbot im Deutschen Reich hat seine Gültigkeit verloren. Mit sofortiger Wirkung hob Reichspräsident Paul von Hindenburg das von seinem Vorgänger Friedrich Ebert (SPD) erlassene Verbot auf.

Preise in den 20er Jahren	
1 kg Butter	3,60
1 kg Mehl	0,50
1 kg Fleisch	2,50
1 Ei	0,20
10 kg Kartoffeln	0,80
Stundenlohn	0,93

in RM, Stand 1926 (ohne Inflationsjahre)

Gesellschaft

Zu einer zweitägigen Jubiläumsveranstaltung treffen die Delegierten des Deutschen Handwerks- und Gewerbekammertages zusammen. Die Organisation wurde im Jahr 1900 gegründet.

Wetter

Als schöner Sommermonat entpuppt sich der August 1925. Die mittlere Temperatur beträgt 17,6 °C, etwas mehr als der langjährige Mittelwert.

1926

Sonntag 29. August

Sport

Beim Großen Preis von Deutschland für Motorräder auf der Berliner Avus gewinnen die deutschen Fahrer vier von sechs Rennen.

Gesellschaft

Die Leipziger Herbstmesse wird eröffnet. Gegenüber der Frühjahrsmesse ist die Zahl der Teilnehmer nochmals rückläufig.

Tiefe Taille und schmale Silhouette: Mode im Zeichen von Art déco

Politik

In Nürnberg findet der von rechten Verbänden organisierte Gedenktag für Heer und Marine statt. Die Veranstaltung soll eine Gegendemonstration zur Verfassungsfeier des Reichsbanners Schwarz-Rot-Gold, des Kampfverbandes der SPD, sein, die am 14. August an gleicher Stelle abgehalten wurde.

Wetter

Der Regenschirm kann im August 1926 in der Ecke stehen bleiben. Nur 38 mm Regen fällt in diesem Sommermonat und bringt Abkühlung. Die mittlere Lufttemperatur liegt bei durchschnittlichen 16,5 °C.

1927

Montag 29. August

Gesellschaft

Auf der Internationalen Konferenz von Presse-Sachverständigen, die in Genf tagt, wird über die Problematik des Eigentumsrechts und des Urheberschutzes von Pressenachrichten diskutiert.

Politik

Viscount Edgar Algernon Robert Cecil, der Vertreter Großbritanniens beim Völkerbund, tritt aus Enttäuschung über die Haltung der britischen Regierung in Abrüstungsfragen von diesem Amt zurück. Bei der Vorbereitenden Abrüstungskonferenz habe er Positionen vertreten müssen, die er nicht teile, und auch am Scheitern der Seeabrüstungskonferenz sei die britische Regierung nicht unschuldig: »In jedem Fall ist die von mir befürwortete Politik mehr oder weniger vollständig abgelehnt worden.«

Vornehm und doch lässig: Burberry aus imprägniertem Baumwollstoff

Wetter

Warmes, aber auch regnerisches Wetter bringt der August 1927. Die mittlere Lufttemperatur beträgt 17,4 °C. Es fällt 136 mm Niederschlag.

1928

Mittwoch 29. August

Politik

Ein Schiedsprotokoll unterzeichnen das Deutsche Reich und die Schweiz. Danach sollen Konflikte zwischen den beiden Ländern vor den Internationalen Gerichtshof gebracht werden, wenn keine Einigung über ein Schiedsgericht zustande kommt.

Politik

US-Außenminister Frank Billings Kellogg verzichtet darauf, auf seiner Rückreise von Paris in die USA Großbritannien zu besuchen. Die US-amerikanisch-britischen Beziehungen sind seit dem Flottenkompromiß zwischen Großbritannien und Frankreich, dessen Inhalt noch nicht genau bekannt ist, angespannt. Die britisch-französische Flottenvereinbarung wird jedoch nie vertraglich abgesichert.

> Freude beim »Urwald-Doktor«: Die Stadt Frankfurt am Main hat dem elsässischen Arzt, Theologen, Schriftsteller und Organisten, Albert Schweitzer, den Goethepreis verliehen. Schweitzer gründete 1913 in der französischen Kolonie Gabun ein Urwaldhospital bei Lambarene.

Wetter

Bei angenehmen Temperaturen und wenig Niederschlag werden Ausflüge im August 1928 zur wahren Freude. 16,1 °C im Durchschnitt und 46 mm Regen sorgen für schönes, wenn auch nicht heißes Sommerwetter.

1929

Donnerstag **29.** *August*

Kultur

Im Künstlertheater in der Reichshauptstadt Berlin hat das Antikriegsstück »Die andere Seite« von Robert Cedric Sheriff Premiere.

Technik

Das Luftschiff LZ 127 »Graf Zeppelin« landet in Lakehurst. Seit dem Abflug am 7. August hat das Luftschiff 21 Tage, sieben Stunden und 12 Minuten gebraucht, um zum Ausgangspunkt zurückzukommen.

Politik

Die im schweizerischen Genf tagende Interparlamentarische Union veranstaltet eine öffentliche Kundgebung für die Abrüstung.

Wetter

Herrliches Sommerwetter treibt Urlauber im August 1929 in Freibäder und an schattige Plätze. Nur selten trübt ein Schauer die Stimmung. Lediglich 13 mm Niederschlag werden registriert. Die von den Meteorologen ermittelte monatliche Durchschnittstemperatur beträgt angenehme 18,0 °C.

Rekorde in den 20er Jahren

Schwimmen: J. Weissmuller (USA) – 58,6 sec/ 100 m Freistil (1922)
10 000 m: P. Nurmi (FIN) – 30:06,1 min (1924)
1500 m: O. Peltzer (GER) – 3:51,0 min (1926)
Kugelstoßen: Emil Hirschfeld (GER) – 16,04 m (1928)

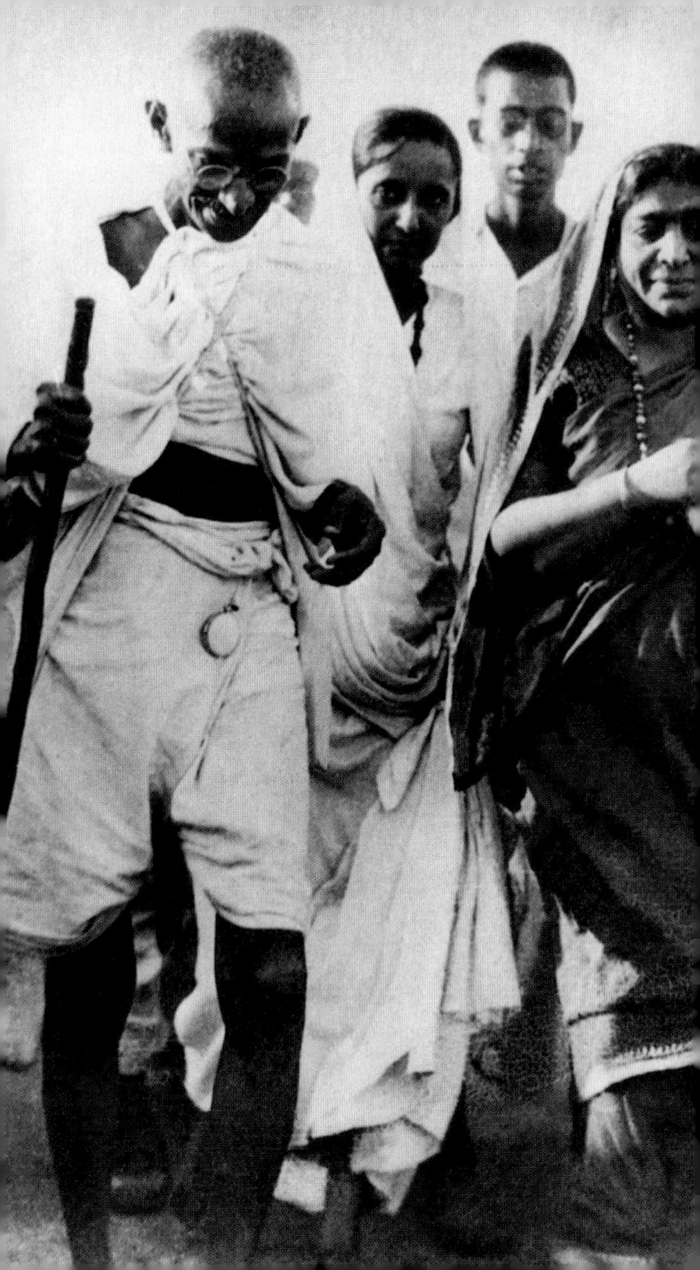

1930–1939

Highlights des Jahrzehnts

1930
Mahatma Gandhi startet Salzmarsch
Marlene Dietrich avanciert im Film »Der Blaue Engel« zum Weltstar
Uruguay wird erster Fußballweltmeister
Max Schmeling durch Disqualifikationssieg Boxweltmeister im Schwergewicht

1931
Spanien wird Republik
Vorführung des Ganzmetallflugzeugs »Ju 52« (»Tante Ju«)
Empire State Building höchstes Gebäude der Welt
Mafia-Boß Al Capone hinter Gittern

1932
Staatsstreich in Preußen
Wahlsieg der NSDAP
Chaco-Krieg um Erdöl zwischen Bolivien und Paraguay
Proklamation des Staates Saudi-Arabien

1933
Adolf Hitler zum Reichskanzler ernannt
Reichstagsbrand in Berlin
Ermächtigungsgesetz in Kraft
Deutsche Studenten verbrennen »undeutsche« Literatur

1934
Nationalsozialistischer Volksgerichtshof gegründet
»Röhm-Putsch« niedergeschlagen
Mord an Bundeskanzler Dollfuß – Ende der 1. Republik Österreich
Maos Kommunisten in China auf dem »Langen Marsch«

1935
- Judenverfolgung mit sog. Nürnberger Gesetzen
- Italien marschiert in Äthiopien ein
- Porsche baut Prototyp für VW »Käfer«
- Deutsch-britisches Flottenabkommen

1936
- Beginn des Spanischen Bürgerkriegs
- Volksfrontregierung in Frankreich
- Ausstellung »Entartete Kunst«
- XI. Olympische Spiele in Berlin zur NS-Propaganda genutzt
- Margaret Mitchell veröffentlicht »Vom Winde verweht«
- Schauprozesse in der UdSSR

1937
- Krieg zwischen Japan und China
- Georg VI. in London gekrönt
- Zeppelin LZ »Hindenburg« explodiert in Lakehurst
- Niederländische Kronprinzessin Juliana heiratet Prinz Bernhard

1938
- »Anschluß« Österreichs ans Deutsche Reich
- Münchner Abkommen soll Hitler bezähmen
- Terror gegen Juden in der »Reichskristallnacht«
- Otto Hahn gelingt erste Atomspaltung

1939
- Deutsche Truppen marschieren in Prag ein
- Hitler-Stalin-Pakt
- Beginn des Zweiten Weltkrieges

Gewaltfreiheit als Prinzip: Mahatma Gandhi auf seinem »Salzmarsch« (1930)

1930

Freitag 29. August

Politik

Die deutsche und die finnische Regierung einigen sich in Helsinki auf einen Handelsvertrag. Wesentlicher Bestandteil des Abkommens ist eine Regelung des Austausches von Agrarprodukten zwischen beiden Ländern.

Gesellschaft

Zum Ende des Monats kommt doch noch der Sommer - und zwar mit Macht. Infolge einer Hitzewelle sterben in der britischen Hauptstadt London mehrere Menschen. Mit bis zu 35 °C werden die höchsten Temperaturen seit 1911 gemessen.

Kultur

Im staatlichen Schauspielhaus in Dresden wird die Komödie »Sturm im Wasserglas« des deutschen Schriftstellers Bruno Frank uraufgeführt.

Wetter

Kühl und regnerisch präsentiert sich der August 1930. Die Temperaturen erreichen im monatlichen Durchschnitt 16,3 °C, fast 1 °C weniger als gewöhnlich. Die Niederschlagsmenge ist höher als in den Vorjahresmonaten. Es fällt 104 mm Regen, 36 mm mehr als der langjährige Mittelwert angibt.

1931

Samstag 29. August

Politik

Der indische Freiheitskämpfer Mohandas Karamchand Gandhi, genannt Mahatma (»Dessen Seele groß ist«), reist von Bombay zur Indienkonferenz nach London. Am 5. September beginnt die Tagung, die erste nach den gescheiterten Gesprächen zu Jahresbeginn. Schon die Ankunft Gandhis in Großbritannien ist ein Medienereignis ersten Ranges. Reporter und viele Neugierige sind Zeugen, als Gandhi - wie angekündigt nur mit einem Leinenschurz bekleidet und an den Füßen Sandalen - in strömendem Regen britischen Boden betritt.

Gesellschaft

Die Generalversammlung der Dresdner Bank billigt in Dresden die Übereinkunft über die Erhöhung des Aktienkapitals auf 400 Mio. Reichsmark und die finanzielle Beteiligung des Reiches, über die am 31. Juli eine Einigung erzielt worden war.

Wetter

Angenehme Sommertage bringt der August 1931. Bei einer durchschnittlichen Temperatur, die mit 16,6 °C leicht unter dem von den Meteorologen registrierten langjährigen Mittelwert liegt und geringem Niederschlag von insgesamt nur 54 mm bieten sich Spiel und Sport im Freien an.

1932

Montag 29. August

Politik

In Berlin empfängt der Führer der NSDAP, Adolf Hitler, die neu gewählte Reichstagsfraktion seiner Partei und vereidigt sie auf seine Person.

Gesellschaft

Die Regierung der UdSSR beschließt in Moskau, den Anstieg der Kriminalität durch die Verhängung von Todesurteilen für einfache Diebstähle zu bekämpfen. Bereits am 7. August hat die Regierung ein Gesetz erlassen, das Mitgliedern landwirtschaftlicher Produktionsgenossenschaften unter Androhung hoher Haftstrafen verbietet, aus den Ernteerträgen Getreide für den Eigenbedarf zu entnehmen. Hintergrund dieser Maßnahme ist die katastrophale Ernährungslage in der UdSSR. Die Mißernte des Jahres 1931 hat in weiten Teilen zu Hungersnöten geführt. In dieser Situation versucht die Regierung, durch Zwangsmaßnahmen die Versorgung der Bevölkerung sicherzustellen, nachdem die Einführung eines freien Kolchosmarktes keinen entscheidenden Erfolg gebracht hat.

Wetter

Ein Sommermonat wie aus dem Bilderbuch ist der August 1932. Die Temperaturen klettern auf Höchstwerte mit einem Mittelwert von 19,8 °C.

1933

Dienstag 29. August

Politik

In Essen wird die illegale Führung der kommunistischen Roten Hilfe für das Ruhrgebiet von der Polizei ausgehoben. Leiter der Organisation waren Herta Geffke und Bernhard Saritzki.

Gesellschaft

Der 18. Zionistenkongreß tagt in Prag. Am 24. August forderte der Kongreß vom Völkerbund, sich für die Wiederherstellung der Rechte der deutschen Juden und für eine Erhöhung der jüdischen Einwanderung nach Palästina einzusetzen. Angesichts der zunehmenden Verfolgungen gehen 1933 rd. 37 000 deutsche Juden ins Ausland, davon etwa 74% in andere europäische Länder, 7% in überseeische Staaten und 19% in das von den Briten verwaltete Palästina. Ein Antrag der von Vladimir Jabotinsky geführten Revisionisten, zum Boykott gegen Deutschland aufzurufen, findet keine Mehrheit.

Preise in den 30er Jahren	
1 kg Butter	2,96
1 kg Mehl	0,47
1 kg Fleisch	1,60
1 l Vollmilch	0,23
1 Ei	0,10
10 kg Kartoffeln	0,90
1 kg Kaffee	5,33
Stundenlohn	0,78
in RM, Stand 1934	

Wetter

Wenig Regen und angenehme Temperaturen beschert der August 1933 den Ausflüglern.

1934

Mittwoch 29. August

Gesellschaft

Der deutsche Reichsjugendführer, Baldur von Schirach (NSDAP), bezeichnet in einer Rundfunkrede »An die deutschen Eltern« Elternhaus, Schule und Hitlerjugend (HJ) als die drei Faktoren, die an der Gestaltung der jungen Generation in kameradschaftlicher Verbundenheit zusammenarbeiten müßten.

Politik

Die zum Abschluß von Manövern der italienischen Armee abgegebene Erklärung von Ministerpräsident Benito Mussolini wird in Europa mit Besorgnis zur Kenntnis genommen. Mussolini führte aus, daß ein Krieg im Bereich des Möglichen liege. Man müsse für den Krieg ab sofort und jederzeit bereit sein. Trotz aller Konferenzen und Protokolle, so Mussolini, werde der Krieg die Menschheit immer begleiten.

Rekorde in den 30er Jahren

200 m: J. Carlton (AUS) – 20,6 sec (1932)
Weitsprung: Jesse Owens (USA) – 8,13 m (1935)
Weitsprung: Erika Junghans (GER) – 6,07 m (1939)
400 m: Rudolf Harbig (GER) – 46,0 sec (1939)

Wetter

Die Regenkleidung sollte im August 1934 noch nicht im Schrank verstaut werden. Mit 110 mm bringt der Sommermonat relativ viel Niederschlag.

1935

Donnerstag 29. August

Technik

Auf dem Frankfurter Flughafen legt der deutsche Flugzeugführer Eberhard Dummbeil in einem mit Propeller betriebenen Muskelflugzeug eine Strecke von stattlichen 195 m zurück.

Politik

Die Außenminister der sog. Kleinen Entente - Rumänien, Jugoslawien und die Tschechoslowakei - tagen in der jugoslawischen Stadt Bled. Das vom jugoslawischen Ministerpräsidenten und Außenminister Milan Stojadinovic vorgestellte Schlußkommuique der viertägigen Beratungen lehnt für die Zukunft jede Zusammenarbeit mit Staaten ab, die von Mitgliedern des Hauses Habsburg regiert werden. Weiter wird die Solidarität der drei Teilnehmerstaaten in allen außenpolitischen Fragen betont. Die Politik der Kleinen Entente richtet sich in erster Linie gegen die Revisionspolitik Ungarns nach dem Zusammenbruch Österreich-Ungarns im Ersten Weltkrieg.

Wetter

Über einen angenehmen Sommermonat können sich die Urlauber im August 1935 freuen. Das Thermometer klettert auf relativ hohe Temperaturen, so daß im Durchschnitt 17,4 °C erreicht werden.

1936

Samstag 29. August

Politik

Wegen seiner Weigerung, sich von jeglicher politischen Betätigung künftig fernzuhalten, wird der ehemalige sowjetische Revolutionsführer Leo Trotzki in seinem norwegischen Exil interniert. Trotzki hatte sich geweigert, die ihm für einen weiteren Aufenthalt in Norwegen auferlegte Bedingung anzunehmen. Seine beiden Sekretäre werden ausgewiesen. Als Beleg für die anhaltende politische Tätigkeit Trotzkis kann die norwegische Regierung auf Presseberichte des Revolutionärs in ausländischen Presseorganen verweisen.

Figurbetonte Eleganz in den 30er Jahren: Kostüm aus Wollstoff mit Lederpaspeln

Politik

Die Schweizer Regierung beschließt, eine nationale Tonfilmindustrie aufzubauen. Montreux oder Zürich kommen als Städte für ein zu errichtendes großes Filmstudio in Frage.

Wetter

Auf ein paar Regentropfen müssen sich Urlauber im August 1936 einstellen. 30 mm Niederschlag wird gemessen. Die Temperatur liegt bei 17,3 °C.

1937

Sonntag 29. August

Gesellschaft

Bei der Bombardierung des Bahnhofs von Nantao bei Schanghai durch japanische Flugzeuge werden 700 chinesische Flüchtlinge getötet.

Gesellschaft

In Leipzig beginnt die Herbstmesse. Von den Ausstellern kommen 361 aus dem Ausland. Die Palette der ausstellenden Branchen reicht von Papierwaren- über Textil- und Lederwarenindustrie und Kunsthandwerk bis zur Bau- und Metallindustrie. Über 5500 Aussteller sind auf der Leipziger Mustermesse vertreten.

Sport

Die deutsche Fußball-Nationalmannschaft gewinnt in Königsberg ein Länderspiel gegen Estland 4:1.

Der Herr liebt es eher klassisch: Sommersakko aus hellem Fischgrät

Wetter

Warme Sommertage locken im August 1937 ins Freie. Die durchschnittliche monatliche Temperatur ist mit 18,1 °C die zweithöchste des Jahres. Die Regenmenge liegt mit 96 mm über dem Mittel.

1938

Montag 29. August

Politik

Durch ein Dekret der französischen Regierung kann in den Betrieben, die für die Landesverteidigung arbeiten, eine längere als die 40stündige Wochenarbeitszeit angeordnet werden. Für die übrige Industrie ist eine jährliche Mehrarbeit von 100 Stunden über die zulässigen Überstunden hinaus möglich.

Kultur

In Salzburg finden die Festspiele statt. Sie sind am 23. Juli mit einer Inszenierung der Oper »Die Meistersinger von Nürnberg« von Richard Wagner eröffnet worden. Die Premiere, der in der Führerloge auch Reichspropagandaminister Joseph Goebbels beiwohnte, wurde von Wilhelm Furtwängler geleitet. Die Festspiele sind die ersten nach dem im März erfolgten »Anschluß« Österreichs an das Deutsche Reich.

Stars der 30er Jahre

Louis Armstrong
Trompeter
Marlene Dietrich
Filmschauspielerin
Greta Garbo
Filmschauspielerin
Fred Astaire
Tänzer/Schauspieler
Sonja Henie
Eiskunstläuferin

Wetter

Warm, aber regnerisch – so präsentiert sich der August 1938. Bei einer Durchschnittstemperatur von fast 20 °C ist die Niederschlagsmenge mit 126 mm fast doppelt so hoch wie der statistische Mittelwert.

1939

Dienstag 29. August

Politik

Das Reichspropagandaministerium weist die Presse an: »Das Maß der Herausstellung der polnischen Terrormeldungen ist für das Ausland der Maßstab, an dem man die Festigkeit der deutschen Haltung mißt. Es ist gleichgültig, was von diesen Meldungen geglaubt wird.«

> Das erste Strahlenturbinenflugzeug der Welt hat seinen ersten Probeflug erfolgreich absolviert. Die Heinkel He 178 blieb über sechs Minuten in der Luft und erreichte eine Geschwindigkeit von fast 700 km/h.

Politik

Adolf Hitler erklärt dem britischen Botschafter Neville Meyrick Henderson seine Bereitschaft zu Verhandlungen, falls am 30. August ein polnischer Unterhändler in Berlin erscheine. Am 28. August hatte Henderson die britische Antwort auf die deutschen Vorschläge vom 25. August überreicht. Als Voraussetzung für ein verbessertes deutsch-britisches Verhältnis wurden darin direkte deutsch-polnische Kontakte genannt, wozu Polen bereit sei.

Wetter

Herrlich warm ist der Sommermonat August im Jahr 1939. Hohe Temperaturen - im monatlichen Durchschnitt werden stolze 19 °C erreicht - füllen die Biergärten. Die Regenmenge beträgt 73 mm.

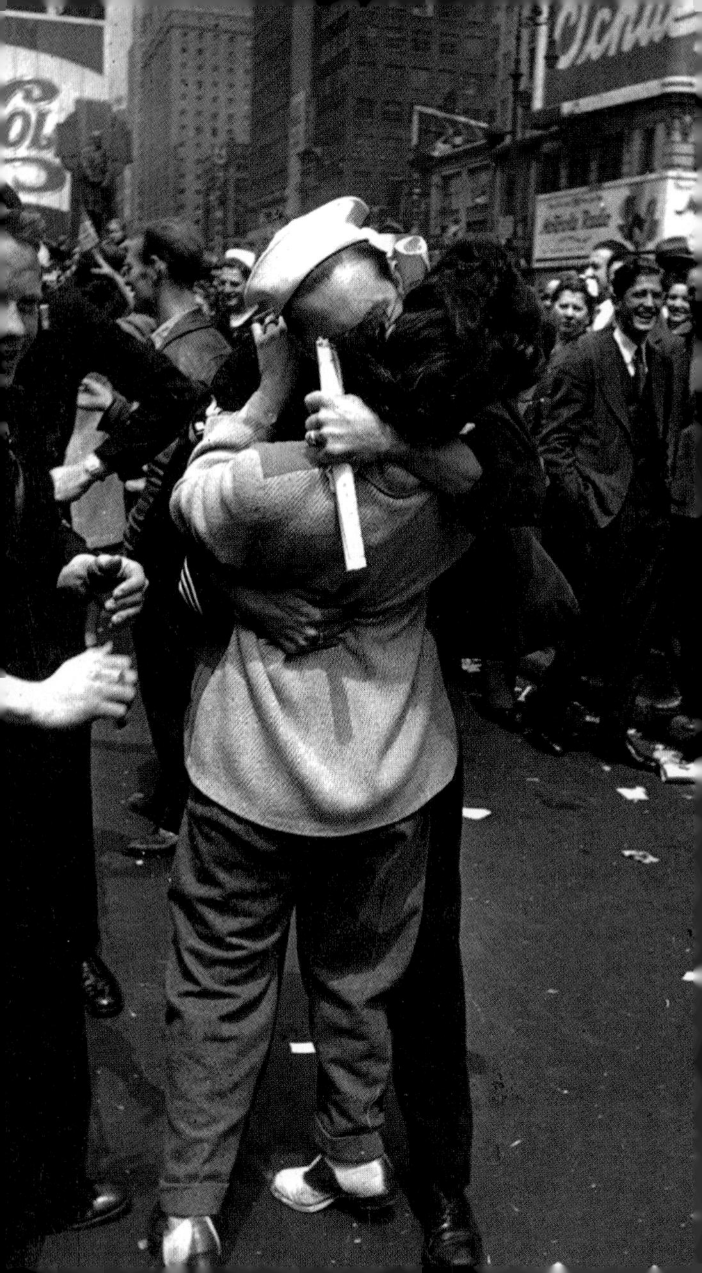

1940-1949

Highlights des Jahrzehnts

1940
- Deutscher Luftkrieg gegen Großbritannien
- Beginn der Westoffensive
- Winston Churchill neuer britischer Premierminister

1941
- Schottlandflug von Rudolf Heß
- Deutscher Überfall auf die Sowjetunion
- Japan greift Pearl Harbor an – Kriegseintritt der USA
- »Citizen Kane« von Orson Welles in den Kinos

1942
- Wannsee-Konferenz beschließt Judenvernichtung
- 6. Armee in Stalingrad eingeschlossen
- Beginn alliierter Luftangriffe auf deutsche Städte
- »Casablanca« mit Ingrid Bergman und Humphrey Bogart uraufgeführt

1943
- Goebbels propagiert den »totalen Krieg«
- Ende der Widerstandsgruppe »Weiße Rose«
- Aufstand im Warschauer Ghetto scheitert

1944
- Alliierte landen in der Normandie
- Stauffenberg-Attentat auf Hitler scheitert
- Charles de Gaulle wird Staatschef Frankreichs
- US-Präsident Franklin D. Roosevelt zum dritten Mal wiedergewählt

1945
- KZ Auschwitz befreit
- Bedingungslose Kapitulation Deutschlands
- Vereinte Nationen gegründet
- Beginn der Potsdamer Konferenz
- US-Atombomben zerstören Hiroschima und Nagasaki

1946
- Gründung der SED
- Nürnberger NS-Prozesse
- US-Atombombentests im Südpazifik
- Hilfe durch Care-Pakete aus den USA
- Französischer Kolonialkrieg in Vietnam

1947
- Marshallplan-Hilfe für Europa
- Indien feiert Unabhängigkeit von Großbritannien
- GATT regelt den Welthandel
- Thor Heyerdahls »Kon-Tiki«-Expedition erfolgreich

1948
- Mahatma Gandhi ermordet
- Währungsreform in Ost und West
- UdSSR verhängt Berlin-Blockade
- Staatsgründung Israels
- Korea gespalten
- UNO-Menschenrechtsdeklaration

1949
- Gründung der NATO
- Grundgesetz für die Bundesrepublik Deutschland verkündet
- Konrad Adenauer erster Bundeskanzler
- Proklamation der Deutschen Demokratischen Republik
- Chinesische Revolution

◀ Der Kuß: Jubel über das Kriegsende auf New Yorks Broadway (1945)

1940

Donnerstag 29. August

🌐 Politik

Im Wiener Schloß Belvedere wird der zweite Wiener Schiedsspruch unterzeichnet. Rumänien muß nach diesem Vertrag Nord-Siebenbürgen und das Szeklerland an Ungarn abtreten. Damit geht ein großer Teil Siebenbürgens, das im Frieden von Trianon 1920 Rumänien zugesprochen wurde, an Ungarn zurück. Das insgesamt 43 500 km² große, an Ungarn abgetretene Gebiet zählt 2,5 Mio. Einwohner. Den über 1 Mio. rumänischen Staatsangehörigen des Territoriums ist es innerhalb von sechs Monaten möglich, sich für die ungarische oder die rumänische Staatsbürgerschaft zu entscheiden.

Rekorde in den 40er Jahren

5000 m: G. Hägg (SWE) – 13:58,2 min (1942)
Hochsprung: Fanny Blankers-Koen (HOL) – 1,71 m (1943)
Marathon: Suh Yun Bok (KOR) – 2:25:39 h (1947)
Speerwerfen: Natalia Smirnizkaja (URS) – 53,41 m (1949)

🌐 Politik

Die französische Vichy-Regierung erkennt die Vorherrschaft Japans in Ostasien an und stimmt der Stationierung japanischer Truppen in Nordindochina zu.

☀️ Wetter

Kühl und regnerisch präsentiert sich der August 1940. Es fallen stattliche 85 mm Niederschlag.

1941

Freitag 29. August

Kultur

In Berlin wird der Film »Ich klage an« von Regisseur Wolfgang Liebeneiner uraufgeführt, der die aktive Sterbehilfe propagiert. Die Hauptrollen spielen Heidemarie Hatheyer, Paul Hartmann und Mathias Wiemann.

Politik

Der jugoslawische General Milan Nidic bildet im Auftrag der deutschen Besatzungsbehörden im besetzten Serbien eine Zivilregierung, deren Ministerpräsident er selbst wird.

Politik

Die finnische Armee nimmt das am 12. März 1940 an die UdSSR abgetretene Wyborg wieder ein und erobert so das Gebiet bis zu alten finnisch-sowjetischen Grenze zurück.

Wetter

Ein bedeckter Himmel und kühle Temperaturen trüben im August 1941 den Spaß am Sommer. Die Sonne scheint lediglich 180 Stunden, 32 Stunden weniger als gewöhnlich. Auch die an den Wetterstationen gemessene mittlere Lufttemperatur liegt mit 15,8 °C klar unter dem langjährigen Mittelwert.

1942

Samstag 29. August

Kultur

Der belgische Schriftsteller Maurice Maeterlinck, einer der herausragenden Vertreter des Symbolismus, vollendet sein 80. Lebensjahr. Er lebt seit 1940 im US-amerikanischen Exil. Im Mittelpunkt seines dramatischen, lyrischen und philosophischen Werkes steht der von dunklen Mächten bedrohte Mensch, der seinem Schicksal blind ausgeliefert ist. Berühmt machte ihn 1886 sein Drama »La princesse Maleine«. 1911 wurde Maeterlinck mit dem Nobelpreis für Literatur ausgezeichnet.

Das Extravagante an diesem Sommerkleid – der mit Tapeziernägeln besetzte Gürtel

Gesellschaft

In einem Abkommen zwischen der US-amerikanischen Ölgesellschaft Standard Oil und der türkischen Regierung räumt die Türkei dem US-Konzern das Monopol für die Verteilung von Erdöl und Benzin in der Türkei ein.

Wetter

Ein warmer Sommermonat ist der August 1942. Die Temperaturen liegen deutlich höher als sonst, so daß die mittlere Lufttemperatur 19,0 °C beträgt.

1943

Sonntag 29. August

Politik

Den Ausnahmezustand über das Land verhängt der deutsche Militärbefehlshaber in Dänemark, General Herrmann von Hanneken, nachdem es die Regierung unter Ministerpräsident Erik Scavenius abgelehnt hat, zur Aburteilung von Saboteuren Schnellgerichte einzusetzen und die Todesstrafe einzuführen. Das Kabinett Scavenius verzichtet daraufhin bis Kriegsende auf die Ausübung seiner Amtsgeschäfte. Die Regierungsgewalt übernimmt faktisch der Bevollmächtigte des Deutschen Reichs, Werner Best.

Kultur

Die »Frankfurter Zeitung« steht unter starkem politischen Druck. Am 31. August stellt das letzte noch nicht völlig gleichgeschaltete Presseorgan im Deutschen Reich auf Weisung von Reichskanzler Adolf Hitler das Erscheinen ein.

Das Modemagazin »Esquire« stellt diese Abendmode für den Herrn vor

Wetter

Im Kriegsjahr 1943 präsentiert sich der August als ein herrlicher Sommermonat. Die Temperatur beträgt fast 20 °C. Die Sonne scheint 234 Stunden.

1944

Dienstag 29. August

🌐 Politik

Ein nationaler Aufstand bricht in der Slowakei aus. Die deutsche Führung läßt Armee-Einheiten einmarschieren, die auf erbitterten Widerstand stoßen. Die Revolte, die eigentlich für einen späteren Zeitpunkt geplant war, entzündet sich vorzeitig als Reaktion auf den Einmarsch deutscher Truppen in die Westslowakei. Adolf Hitler hatte den Befehl zur militärischen Besetzung gegeben, da am 28. August meuternde slowakische Soldaten 22 deutsche Wehrmachtsoffiziere ermordet hatten und Hitler den Abfall des Bundesgenossen befürchtete.

> Das US-Kriegsdepartement legt eine Statistik über die Häufigkeit von Nachnamen in der US-Armee vor. Am weitesten verbreitet ist der Name »Smith« - er kommt 72 000 mal vor - so daß man theoretisch fünf Divisionen aufstellen könnte, in denen alle Soldaten auf den gleichen Namen hören würden.

🌐 Politik

Die südfranzösische Hafenstadt Marseille ist in den Händen von freifranzösischen Truppen. Am Montag eroberten sie die Metropole und begannen kurz darauf mit der Verhaftung von Kollaborateuren.

⛅ Wetter

Schönes Wetter könnte die Menschen im August 1944 erfreuen, wenn nicht Krieg toben würde.

1945

Mittwoch 29. August

Kultur

Das Zentralorgan der Kommunistischen Partei Deutschlands in der sowjetischen Zone, die »Deutsche Volkszeitung«, startet mit ihrer heutigen Ausgabe eine Kampagne zur Durchführung einer Bodenreform in der Sowjetzone.

Gesellschaft

In der britischen Besatzungszone Deutschlands werden die ehemaligen Generalfeldmarschälle der deutschen Wehrmacht, Walter von Brauchitsch und Erich von Manstein, von den Besatzungsbehörden verhaftet.

Kultur

Der deutsche Physiker Max Planck ist Träger des diesjährigen Goethepreises der Stadt Frankfurt am Main. Weil keine Eisenbahnzüge verkehrten, konnte der in Göttingen lebende Wissenschaftler die Ehrung am Vortag nicht selbst in Empfang nehmen.

Wetter

Als angenehmer Sommermonat mit durchschnittlichen Temperatur- und Niederschlagswerten präsentiert sich der August 1945. Der Zweite Weltkrieg ist in Europa erst seit kurzem beendet.

1946

Donnerstag 29. August

Politik

Vor dem Internationalen Militärgerichtshof in Nürnberg zur Ahndung von NS-Straftaten halten die Anklagevertreter ihre Schlußplädoyers. Am 31. August sprechen die angeklagten NS-Verbrecher nach 402 Sitzungstagen ihre Schlußworte. Sämtliche Angeklagten erklären sich für nicht schuldig im Sinne der Anklage und weisen den Vorwurf einer direkten Beteiligung an den Verbrechen des nationalsozialistischen Regimes im Deutschen Reich, die während des Prozesses durch Zeugenaussagen, die Vorlage von Aktenstücken und Filmaufnahmen dokumentiert wurden, zurück.

Politik

Der Sicherheitsrat der Vereinten Nationen beschließt in der britischen Hauptstadt London die Aufnahme von Afghanistan, Island und Schweden als Vollmitglieder in die Weltorganisation.

Wetter

Ein schöner Sommermonat lockt die Menschen im August 1946 ins Freie. Die Temperatur liegt im monatlichen Durchschnitt bei 17,1 °C. Das langjährige Mittel beträgt 17,2 °C. Die an den Wetterstationen gemessene Niederschlagsmenge ist mit 56 mm mehr als 10 mm niedriger als gewöhnlich.

1947

Freitag 29. August

Gesellschaft

Beim Absturz eines norwegischen Flugbootes westlich des Narvik-Fjords kommen alle 35 Insassen ums Leben.

Politik

Das Präsidium des Obersten Sowjets ratifiziert die am 10. Februar paraphierten Friedensverträge mit den im Zweiten Weltkrieg mit Deutschland verbündeten Staaten.

Gesellschaft

In der Bizone wird der Industrieplan des Alliierten Kontrollrats revidiert. Das Wirtschaftspotential soll erhöht, die Ernährungslage verbessert und der Umfang der Demontagen eingeschränkt werden. Der Plan legt neue Quoten für die Industrieproduktion fest.

Preise in den 40er Jahren	
1 kg Butter	3,50
1 kg Mehl	0,45
1 kg Fleisch	1,60
1 l Vollmilch	0,26
1 Ei	0,12
10 kg Kartoffeln	1,00
1 kg Zucker	0,76
Stundenlohn	0,81
in RM, Stand 1943	

Wetter

An einem Bilderbuch-Sommer können sich Touristen und Ausflügler im August 1947 freuen. Hohe Temperaturen und sonniges Wetter treiben vor allem die Jugendlichen zum Baden an die Seen.

1948

Sonntag 29. August

Politik

Die australische Regierung beschließt, dem Mutterland Großbritannien zur Stärkung seiner angeschlagenen Wirtschaft eine Finanzhilfe in Höhe von 10 Mio. Pfund Sterling zu gewähren.

Gesellschaft

Die Herbstmesse in Leipzig öffnet ihre Pforten. Die Leistungsschau lockt viele Interessierte an.

Kultur

Das Nationaltheater in Weimar ist wiedereröffnet. Nach aufwendigen Umbauarbeiten wurde es am Samstag offiziell eingeweiht. Als Prunkstück gilt die neuartige »Raumbühne«, die als erste in Europa dem Zuschauer das Gefühl vermittelt, in das Theaterspiel einbezogen zu sein.

Stars der 40er Jahre

Humphrey Bogart
Filmschauspieler
John Wayne
Filmschauspieler
Katharine Hepburn
Filmschauspielerin
Hans Albers
Filmschauspieler
Joe Louis
Boxer

Wetter

Einen angenehmen Sommermonat erleben die Urlauber im August 1948. Die von den Meteorologen an den Wetterstationen gemessene mittlere Lufttemperatur liegt bei angenehmen 17,8 °C.

1949

Montag 29. August

Politik

Der schleswig-holsteinische Ministerpräsident Hermann Lüdemann (SPD) tritt zurück. Nachfolger wird sein bisheriger Stellvertreter Bruno Diekmann (SPD). Obwohl keine offiziellen Rücktrittsgründe genannt werden, gilt es als sicher, daß die SPD Schleswig-Holsteins Lüdemann für ihr schlechtes Abschneiden bei den Wahlen zum 1. Deutschen Bundestag verantwortlich macht. In seiner Regierungserklärung sagt der neue Ministerpräsident in Kiel, im Mittelpunkt seiner Arbeit stehe der soziale Wohnungsbau. Außerdem müßten neue Hilfen für Flüchtlinge und ebenso für Arbeitslose gefunden werden.

Politik

Die bolivianische Regierung ordnet die Generalmobilmachung an. Zwei Tage zuvor ist wegen einer rechtsgerichteten Revolte in mehreren Städten des südamerikanischen Landes der Ausnahmezustand verhängt worden.

Wetter

Als freundliches Mittelmaß präsentiert sich der August 1949. Temperatur- und Regenwerte bewegen sich in diesen 31 Hochsommertagen weitgehend im langjährig registrierten Durchschnitt.

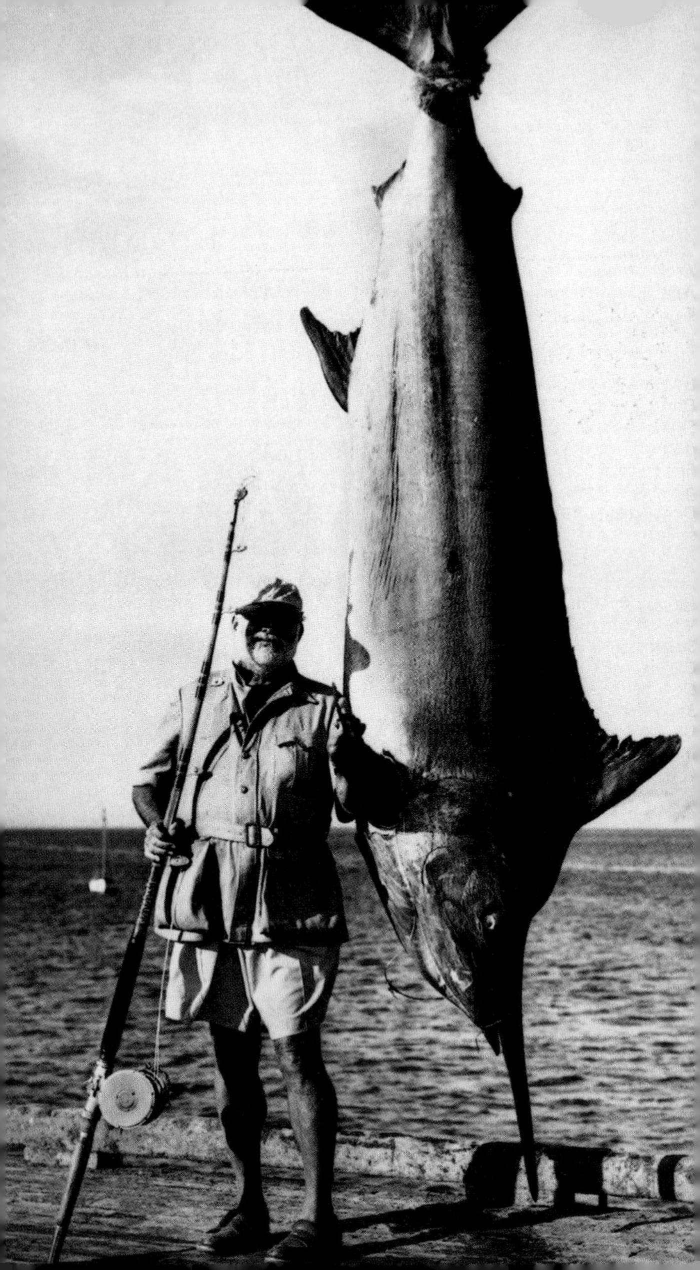

1950-1959

Highlights des Jahrzehnts

1950
Ausbruch des Koreakrieges
Abschaffung der Lebensmittelmarken in Deutschland

1951
Debatte um die Wiederaufrüstung Deutschlands
Skandal um Hildegard Knef als »Sünderin«
Erster Schritt zur europäischen Einigung: Montanunion perfekt
Der persische Schah Mohammed Resa Pahlewi heiratet Soraya

1952
Helgoland wieder unter deutscher Verwaltung
Staatsstreich in Ägypten
DDR riegelt Grenze ab
Dwight D. Eisenhower wird zum 34. US-Präsidenten gewählt
USA zünden Wasserstoffbombe
In Deutschland bricht das Fernsehzeitalter an

1953
Tod des sowjetischen Diktators Josef Stalin
Volksaufstand in der DDR
Elisabeth II. zur Königin von Großbritannien und Nordirland gekrönt
Mount Everest: Höchster Berg der Welt bezwungen

1954
Französische Niederlage in Vietnam
Deutschland wird in Bern Fußballweltmeister
Beginn des Algerienkrieges
Mit »That's alright Mama« beginnt der Aufstieg von Elvis Presley

1955
- Die Bundesrepublik wird ein souveräner Staat
- Gründung des Warschauer Paktes
- Tragischer Tod von James Dean
- Erste »documenta«

1956
- Traumhochzeit von Grace Kelly und Rainier III. von Monaco
- Volksaufstand in Ungarn
- Suezkrise führt zu Nahostkrieg
- Musical »My Fair Lady« beginnt seinen Siegeszug um die Welt

1957
- Gründung der EWG
- »Sputnik-Schock« bildet Auftakt zu Wettlauf im All
- Heinz Rühmann als »Hauptmann von Köpenick« gefeiert
- Erste Massenimpfung gegen Kinderlähmung

1958
- De Gaulle und Adenauer begründen deutsch-französische Freundschaft
- Rock 'n' Roll-Fieber grassiert weltweit
- Pelé – Star der Fußballweltmeisterschaft in Schweden
- Atomium ist Wahrzeichen der Weltausstellung in Brüssel

1959
- Fidel Castro übernimmt die Macht in Kuba
- Hula-Hoop-Welle schwappt aus den USA nach Europa
- Premiere des Marilyn-Monroe-Films »Manche mögen's heiß«
- Erste Bilder von der Rückseite des Mondes

»Der alte Mann und das Meer«: Ernest Hemingway mit Jagdtrophäe

1950

Dienstag 29. August

Politik

DDR-Ministerpräsident Otto Grotewohl ruft die Bundesbürger dazu auf, britische und US-amerikanische Produkte zu boykottieren, die auch in Deutschland hergestellt werden könnten.

Gesellschaft

Die alliierte Hochkommission billigt die Verfassung von West-Berlin, suspendiert aber den Artikel, durch den die Stadt zum zwölften Land der Bundesrepublik Deutschland erklärt wird.

Gesellschaft

Zwischen der ungarischen Regierung und dem Episkopat wird ein Abkommen geschlossen, in dem die katholische Kirche die Verfassung und die kommunistische Staatsmacht anerkennt. Die ungarische Führung garantiert ihrerseits die Religionsfreiheit.

Wetter

Ein phantastisches Sommerwetter lockt Kinder und Erwachsene im August 1950 ins Freie. Die Temperatur beträgt im Durchschnitt fast 19 °C, die Sonnenscheindauer liegt mit 246 Stunden deutlich über dem Mittelwert von 212 Stunden. Es regnet 35 mm, der langjährige Schnitt beträgt 68 mm.

1951

Mittwoch 29. August

Politik

Der sog. battle bill stimmt der US-amerikanische Senat zu. Das Gesetz ermächtigt den Präsidenten, den Staaten, die militärisch wichtige Güter an kommunistische Länder liefern, jede amerikanische Hilfe zu entziehen.

Gesellschaft

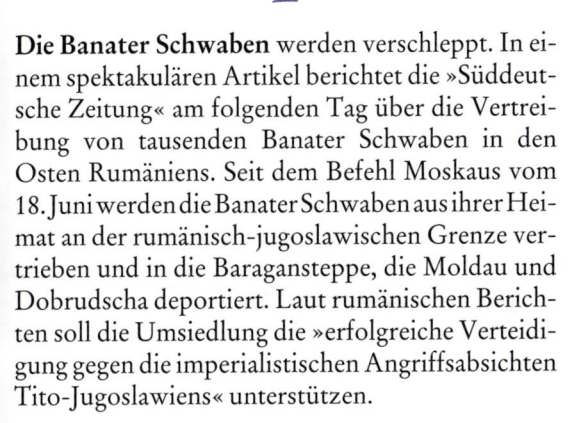

Die Banater Schwaben werden verschleppt. In einem spektakulären Artikel berichtet die »Süddeutsche Zeitung« am folgenden Tag über die Vertreibung von tausenden Banater Schwaben in den Osten Rumäniens. Seit dem Befehl Moskaus vom 18. Juni werden die Banater Schwaben aus ihrer Heimat an der rumänisch-jugoslawischen Grenze vertrieben und in die Baragansteppe, die Moldau und Dobrudscha deportiert. Laut rumänischen Berichten soll die Umsiedlung die »erfolgreiche Verteidigung gegen die imperialistischen Angriffsabsichten Tito-Jugoslawiens« unterstützen.

Wetter

Eisdielen, schattige Plätze und Biergärten sind angesichts des herrlichen Sommerwetters im August 1951 beliebte Aufenthaltsorte. Die durchschnittliche Temperatur liegt bei stattlichen 19,0 °C und damit um fast 2 °C über dem langjährigen Mittelwert.

1952

Freitag 29. August

Politik

Gegenputsch vereitelt: Der am 9. April durch einen blutigen Umsturz an die Macht gekommenen bolivianischen Regierung gelingt es in der Hauptstadt La Paz, einen terroristischen Plan zum Sturz von Präsident Victor Paz Estenssoro zu vereiteln. Mitglieder der »Sozialistischen Falange Boliviens« werden von den Behörden festgenommen.

> Bonn verabschiedet die Tabaksteuerreform. Künftig kostet eine Zigarette nicht mehr zehn, sondern nur acht Pfennig. Der Preis für Feinschnitt-Tabak fällt von 32 auf 30 DM pro kg.

Gesellschaft

Eine öffentliche Diskussion namhafter Juristen zum Thema »Todesstrafe« findet in Frankfurt am Main statt. Hintergrund der Diskussion sind die im deutschen Bundestag eingebrachten Anträge auf Wiedereinführung der Todesstrafe durch die Deutsche Partei und die Föderalistische Union.

Wetter

Ein traumhaftes Wetter beschert den Menschen im August 1952 einen Bilderbuch-Sommer. Fast 19 °C beträgt die Temperatur im Durchschnitt, nur 30 mm Regen wird von den Meteorologen an den Wetterstationen gemessen. Die Sonne läßt sich in den 31 Tagen 241 Stunden sehen.

1953

Samstag 29. August

Gesellschaft

Eine angeblich weinende Madonna-Figur macht die sizilianische Stadt Syrakus zum Wallfahrtsort zehntausender Katholiken und auf Heilung hoffender Kranker.

Technik

Die 18. Deutsche Rundfunkausstellung beginnt in Düsseldorf. Erstmals stehen dabei Fernsehgeräte im Mittelpunkt des Interesses.

Politik

Die sowjetische Regierung bekräftigt in Noten an die Westmächte sowie an die österreichische Regierung ihre Forderung, einen von den westlichen Alliierten 1952 vorgelegten Entwurf als Grundlage für die Verhandlungen über den österreichischen Staatsvertrag zurückzuziehen.

Rekorde in den 50er Jahren

Kugelstoßen: Jim Fuchs (USA) – 17,95 m (1950)
10 000 m: Emil Zátopek (TCH) – 28:54,6 min (1954)
800 m: R. Moens (BEL) – 1:45,7 min (1955)
Eisschnelllauf: Eugen Grischin (URS) – 1000 m in 1:22,8 min (1955)

Wetter

Nur in Freibädern können sich die Urlauber im August 1953 etwas Abkühlung verschaffen. 248 Stunden lang scheint die Sonne.

1954

Sonntag 29. August

Sport

Bei der Ruder-Europameisterschaft in Amsterdam gewinnen die Bundesdeutschen Thomas Schneider und Gerhard Haege den Titel bei den Doppelzweiern.

Sport

Nach dem 100-m-Lauf gewinnt der bundesdeutsche Sprinter Heinz Fütterer bei den Europameisterschaften in Bern auch den 200-m-Lauf in der Europarekord-Zeit von 20,9 sec. Für herausragende Leistungen sorgen in Bern zwei Sowjetrussen: Über 5000 m verweist Wladimir Kuz die favorisierten Chris Chataway (Großbritannien) und Emil Zatopek (Tschechoslowakei) in der Weltrekordzeit von 13:56,6 min auf die Plätze. Sein Landsmann Michail Kriswonossow erzielt im Hammerwerfen eine Weltrekord-Weite von 64,33 m.

Stets korrekt und im Zweifelsfall eher weit geschnitten: Herrenmode in den 50ern

Wetter

Zu Spiel und Sport im Freien animiert der August 1954. Die Sonne scheint immerhin ganze 201 Stunden (langjähriger Durchschnitt: 212 Stunden).

1955

Montag 29. August

Politik

Die Außenminister Großbritanniens, Griechenlands und der Türkei kommen in London zu einer Konferenz zusammen, in deren Mittelpunkt politische Fragen des östlichen Mittelmeergebiets und der Konflikt um die sowohl von Griechenland als auch von der Türkei beanspruchte Insel Zypern stehen.

Kultur

Annette Kolb ist Goethepreisträgerin 1955. Die deutsche Schriftstellerin hat am Vortag den Preis der Stadt Frankfurt am Main erhalten. Die 85jährige Erzählerin, Essayistin, Übersetzerin und Biographin wurde für ihr schriftstellerisches Gesamtwerk ausgezeichnet. Kolb, Tochter einer französischen Pianistin, ist durch ihre - häufig autobiographisch gefärbten - Schilderungen von Frauenschicksalen bekanntgeworden.

Für eine gute Figur auf der Tanzfläche: Kleid aus Chiné-Taft

Wetter

Ein schöner August lädt 1955 zu Grillpartys und Ausflügen. Die mittlere Lufttemperatur beträgt 18,5 °C. Die Sonne scheint 238 Stunden.

1956

Mittwoch 29. August

Gesellschaft

Der 77. deutsche Katholikentag wird in der Domstadt Köln eröffnet. An dem Treffen nehmen rd. 800 000 Menschen teil.

Politik

Vor der Volkskammer, dem Parlament der DDR, fordert Parteichef Walter Ulbricht eine Begrenzung der Streitkräfte beider deutschen Staaten.

Politik

In Ost-Berlin gibt DDR-Außenminister Lothar Bolz eine Regierungserklärung zur Außenpolitik ab. Darin bezeichnet Bolz die DDR neben der Bundesrepublik Deutschland als den legitimen Rechtsnachfolger des Deutschen Reichs. Er richtet massive Angriffe gegen die Bundesregierung.

Wetter

Die Sommerkleidung kann im August 1956 im Schrank bleiben. Die mittlere Lufttemperatur beträgt nur 15,0 °C und damit 2,2 °C weniger als der langjährige Mittelwert angibt. Die Sonne scheint mit 190 Stunden 22 Stunden weniger als gewöhnlich. Die an den Wetterstationen aufgefangene Niederschlagsmenge beträgt 72 mm.

1957

Donnerstag 29. August

Politik

In Bonn tritt der Zweite Bundestag zu seiner letzten Sitzung zusammen. Haupttagesordnungspunkt ist die Ansprache von Bundestagspräsident Eugen Gerstenmaier zur Auflösung des Parlaments.

Politik

Bei der UNO-Abrüstungskonferenz in London legen die Westmächte einen Gesamtplan über ihre Abrüstungsvorschläge vor. Der sowjetische Delegierte Valerian A. Sorin kritisiert keinerlei Entgegenkommen gegenüber den Vorschlägen der Sowjetunion. Am 6. September vertagt sich die Konferenz. Strittig bleiben zwischen Frankreich, Großbritannien, Kanada und den USA einerseits und der Sowjetunion andererseits, in welchem Umfang und für welchen Zeitraum alle Kernwaffenversuche eingestellt werden.

> **Stars der 50er Jahre**
>
> **Marilyn Monroe**
> Filmschauspielerin
> **James Dean**
> Filmschauspieler
> **Elvis Presley**
> Sänger
> **Sophia Loren**
> Filmschauspielerin
> **Brigitte Bardot**
> Filmschauspielerin

Wetter

Strahlender Sonnenschein beschert den Ausflüglern und Urlaubern im August 1957 eine schöne Zeit. 232 Stunden scheint die Sonne.

1958

Freitag 29. August

Sport

Die bundesdeutsche 4 x 100-m-Staffel mit Manfred Steinbach, Martin Lauer, Heinz Fütterer und Manfred Germar egalisiert in Köln mit der Zeit von 39,5 sec den Weltrekord der US-amerikanischen Olympiastaffel von 1956.

Gesellschaft

Das Zentralkomitee der Kommunistischen Partei Chinas beschließt, die Landwirtschaftlichen Produktionsgemeinschaften in sog. Volkskommunen zusammenzuschließen.

Politik

Zum Abschluß seiner Afrikareise erklärt der französische Ministerpräsident Charles de Gaulle in Algier, mit einem Ja bei der Volksabstimmung über die Verfassung könnten die Algerier sich dafür entscheiden, »vollwertige Franzosen« zu werden.

Wetter

Warm, sonnig, regnerisch - so präsentiert sich der August 1958. Die mittlere Lufttemperatur liegt bei 17,5 °C und damit ebenso über dem Durchschnitt wie die Sonnenscheindauer von 232 Stunden. Insgesamt fällt 126 mm Regen (Durchschnitt: 68 mm).

1959

Samstag 29. August

Gesellschaft

Im Ruhrgebiet demonstrieren 30 000 Bergleute gegen die Folgen der Kohleabsatzkrise. Am 26. September findet in Bonn die bisher größte Kundgebung von Bergarbeitern statt. 60 000 Kumpel, vorwiegend aus dem Ruhrgebiet, demonstrieren unter dem Motto »Sicherheit statt Chaos«. Sieben Stunden lang ziehen die Bergarbeiter schweigend unter dumpfem Trommelwirbel mit schwarzen Fahnen durch die Stadt. Sie fordern die Drosselung der Kohle- und Ölimporte, um damit die Absatzkrise im Kohlebergbau zu beenden. Seit Februar 1958 sind mehrere Zechen stillgelegt worden.

Preise in den 50er Jahren

1 kg Butter	6,75
1 kg Mehl	0,76
1 kg Fleisch	5,01
1 l Vollmilch	0,40
1 Ei	0,23
10 kg Kartoffeln	2,14
1 kg Kaffee	21,40
Stundenlohn	1,96

in DM, Stand 1955

Politik

Die USA, die Sowjetunion und Großbritannien verkünden eine Verlängerung des 1958 vereinbarten Atomwaffenteststopps bis zum 31. Dezember 1959.

Wetter

Lediglich Gärtner und Landwirte freuen sich im August 1959 darüber, daß 132 mm Regen fällt, insgesamt 64 mm mehr als gewöhnlich.

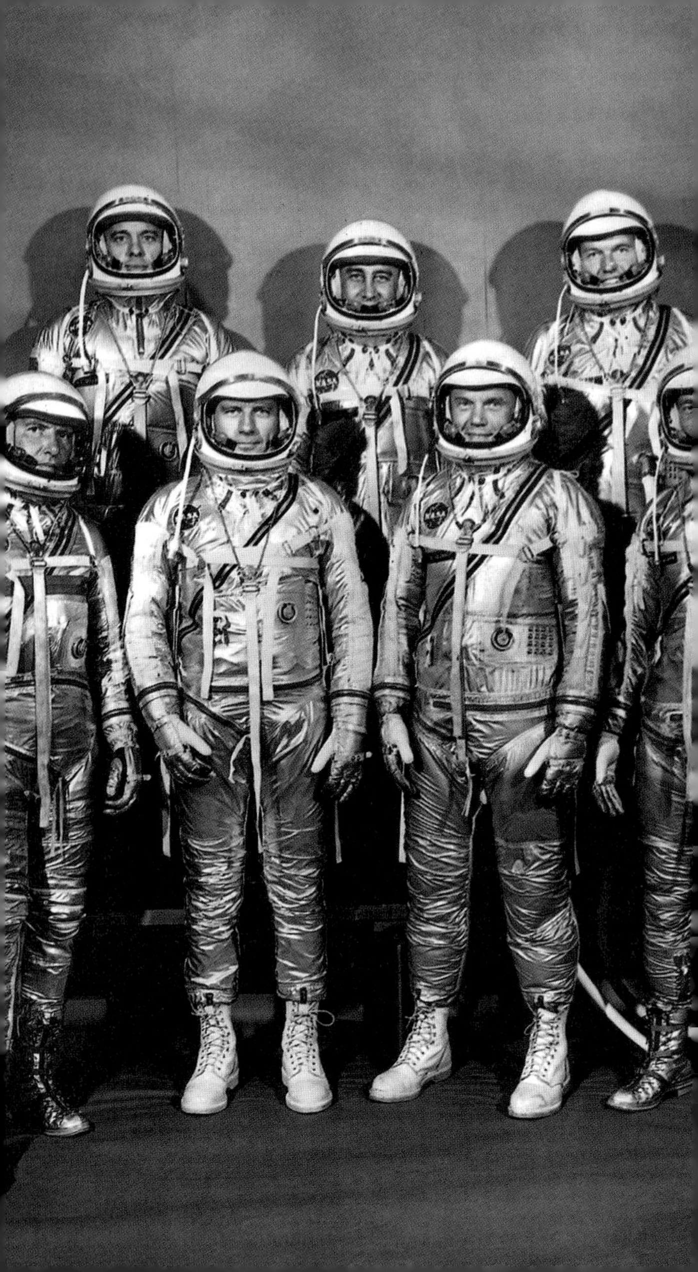

1960–1969

Highlights des Jahrzehnts

1960
Gründung der EFTA
Frankreich wird 4. Atommacht
John F. Kennedy wird 35. Präsident der USA
Hochzeit des Jahres: Fabiola und König Baudouin von Belgien

1961
Erster Mensch im Weltraum: der Russe Juri Gagarin
Bau der Mauer in Berlin
Gründung von Amnesty International

1962
Flutkatastrophe an der Nordseeküste und in Hamburg
Kuba-Krise: USA erzwingen Abbau sowjetischer Raketenbasen
»Spiegel«-Affäre löst Regierungskrise aus
Start der erfolgreichsten Serie der Kinogeschichte: James Bond

1963
Deutsch-Französischer Freundschaftsvertrag
US-Präsident Kennedy wird in Dallas erschossen
Marika Kilius und Hans-Jürgen Bäumler werden Weltmeister im Eiskunstlaufen

1964
Die USA greifen in den Vietnamkrieg ein
Revolution in der Damenmode: der Minirock
Der 22jährige Cassius Clay wird jüngster Boxweltmeister
UdSSR: Breschnew neuer KP-Chef
- Erfolgreichste Pop-Gruppe der 60er: die Beatles
- Den Rolling Stones gelingt der internationale Durchbruch

1965
- Im Alter von 90 Jahren stirbt in London Winston Churchill
- Erste Fotos vom menschlichen Embryo im Mutterleib
- Ziehung der Lottozahlen erstmals im Fernsehen

1966
- Große Koalition aus CDU/CSU und SPD gebildet
- APO beginnt sich zu formieren

1967
- Sechs-Tage-Krieg in Nahost
- Erste Herztransplantation
- Bürgerkrieg in Biafra
- Kult-Musical »Hair« wird uraufgeführt

1968
- Ermordung des schwarzen Bürgerrechtlers Martin Luther King und des US-Präsidentschaftskandidaten Robert Kennedy
- »Prager Frühling« durch Einmarsch von Warschauer-Pakt-Truppen beendet
- Aufklärungswelle erreicht den Schulunterricht

1969
- Willy Brandt wird Kanzler einer sozialliberalen Koalition
- Der erste Mensch betritt den Mond
- »Sesamstraße« begeistert Millionen von Kindern
- Rockfestival in Woodstock

US-Astronauten im Gruppenbild: Die 60er sind das Jahrzehnt der Raumfahrt

1960

Montag 29. August

Politik

Mit einem fünftägigen Einreiseverbot für Bundesbürger nach West-Berlin inszenieren die DDR-Behörden einen Konflikt um den Berlin-Reiseverkehr. Als Anlaß für die Schikane dienen die Jahrestagung des Verbandes der Heimkehrer, Kriegsgefangenen und Vermißtenangehörigen sowie ein »Tag der Heimat« der Vertriebenenverbände, die ab 1. September in West-Berlin stattfinden.

Gesellschaft

Das traditionsreiche schleswig-holsteinische Landesgestüt Traventhal bei Neumünster wird versteigert. 52 Hengste werden an Privatzüchter und Zuchtverbände aus dem Bundesland verkauft.

Gesellschaft

Ein viermotoriges Passagierflugzeug der französischen Luftfahrtgesellschaft Air France stürzt beim Landeanflug auf den Flughafen von Dakar (Senegal) ins Meer. Alle 63 Insassen kommen um.

Wetter

Angenehmes Sommerwetter mit durchschnittlichen Temperatur- und Regenwerten bietet der August 1960. Die Sonne scheint nur 168 Stunden.

1961

Dienstag 29. August

Politik

Bundespräsident Heinrich Lübke trifft überraschend mit einer Sondermaschine in West-Berlin ein. Am 13. August hatte die DDR begonnen, die Grenze zwischen dem Westen und Osten Berlins sowie zwischen den drei Westsektoren und der DDR abzuriegeln.

Gesellschaft

Ein Seilbahnunglück bei Chamonix in den französischen Alpen fordert neun Todesopfer. Ein Düsenjäger hatte das Zugseil der Bahn zwischen der Aiguille du Midi und dem Hellbronner gestreift und zerrissen.

Sport

Rudi Altig aus Mannheim wird in Zürich Weltmeister der Berufsradfahrer im 5000-m-Verfolgungsfahren.

Wetter

Hohe Temperaturen, aber bewölkten Himmel bringt der August 1961. Die mittlere Lufttemperatur liegt bei 18 °C, obwohl die Sonne nur 174 Stunden scheint. Es regnet nur 45 mm.

Stars der 60er Jahre

Die Beatles
Popgruppe
Sean Connery
Filmschauspieler
Pelé
Fußballspieler
Jean Paul Belmondo
Filmschauspieler
Dustin Hoffman
Filmschauspieler

1962

Mittwoch 29. August

Sport

Mit einem 2:1-Sieg über Fortuna Düsseldorf wird der 1. FC Nürnberg zum dritten Mal Gewinner des deutschen Fußballpokals.

Politik

Der italienische Ministerpräsident Amintore Fanfani besucht die Zwergrepublik San Marino aus Anlaß des 100. Jahrestages des Freundschaftsvertrages zwischen beiden Staaten. Im Jahre 1862 hatte sich San Marino unter die Schutzherrschaft des italienischen Staates gestellt.

Rekorde in den 60er Jahren

Stabhochsprung: Brian Sternberg (USA) – 5,00 m (1963)
Hochsprung: V. Brumel (URS) – 2,28 m (1963)
Weitsprung: Bob Beamon (USA) – 8,90 m (1968)
100 m: Jim Hines (USA) – 9,9 sec (1968)

Gesellschaft

In Algier finden Zusammenstöße zwischen Anhängern des Mitglieds des Politischen Büros, Mohammed Ahmed Ben Bella, und rebellischen algerischen Gruppen statt.

Wetter

Regenschirm und Pullover sollten Ausflügler 1962 im Sommermonat August nicht vergessen. Die Temperaturen sind unterdurchschnittlich, die Sonne scheint lediglich 146 Stunden. 83 mm Regen fällt.

1963

Donnerstag 29. August

Politik

Die Jugendorganisation der CDU, die Junge Union, protestiert gegen die Einladung des britischen Labour-Oppositionsführers Harold Wilson zum Deutschlandtag der Sozialdemokraten.

Politik

Seinen Abschied nimmt der bisherige Oberbefehlshaber der Landstreitkräfte des Nordatlantikpaktes (NATO) in Mitteleuropa, General Hans Speidel. Nachfolger wird Generalleutnant Johann Adolf Graf von Kielmannsegg.

Politik

Pakistan und die Volksrepublik China schließen ein Luftfahrtabkommen ab, das Pakistan Landerechte auf chinesischem Boden einräumt.

Wetter

Ein schöner Sommermonat ist der August 1963. Zwar ist der Himmel oft bewölkt - die Sonne scheint nur 172 Stunden - aber die mittlere Lufttemperatur liegt mit 17,3 °C sogar leicht über dem Durchschnitt. Die von den Meteorologen an den Wetterstationen aufgefangene Niederschlagsmenge von 76 mm bewegt sich im statistischen Mittel.

1964

Samstag 29. August

🌐 Politik

In der Sowjetunion wird ein Dekret unterzeichnet, das die Wolgadeutschen, die im Zweiten Weltkrieg unter Auflösung ihrer autonomen Republik nach Westsibirien und Kasachstan umgesiedelt wurden, rehabilitiert. Eine Rückkehr in die alte Heimat wird ihnen jedoch verwehrt.

Preise in den 60er Jahren	
1 kg Butter	7,58
1 kg Mehl	1,06
1 kg Fleisch	7,91
1 l Vollmilch	0,50
1 Ei	0,21
10 kg Kartoffeln	2,88
1 kg Kaffee	16,61
Stundenlohn	4,15
in DM, Stand 1964	

🍸 Gesellschaft

Zu schweren Ausschreitungen kommt es in den türkischen Städten Izmir, Ankara und Istanbul. Sie richten sich vor allem gegen die Zypern-Politik der USA. In Izmir stürmen Demonstranten zahlreiche ausländische Pavillons der Internationalen Messe und zerstören sie völlig. Am 7. August bombardierte die türkische Luftwaffe Dörfer im Nordwesten Zyperns.

⛅ Wetter

Wolken bedecken im August 1964 häufig den Himmel. Nur 173 Stunden, fast 40 Stunden weniger als üblich, scheint die Sonne. Dementsprechend niedrig ist die mittlere Lufttemperatur, die mit 16,0 °C mehr als 1 °C unter dem Durchschnitt liegt.

1965

Sonntag 29. August

Sport

Bei den 53. Ruder-Europameisterschaften der Männer in Duisburg-Wedau gewinnt der Deutsche Ruderbund Goldmedaillen im Einer und im Achter.

Gesellschaft

Nach einem Rekordflug durch den Weltraum landen die beiden US-Astronauten Gordon Cooper und Charles Conrad in ihrer Raumkapsel »Gemini V« sicher im Atlantik südwestlich der Bermudas.

Gesellschaft

Vor rd. 600 Ärzten teilt Bundesgesundheitsministerin Elisabeth Schwarzhaupt (CDU) auf der 17. deutschen Therapiewoche in Karlsruhe mit, daß der Bund im laufenden Rechnungsjahr rd. 4,5 Mio. DM für die Krebsforschung aufwendet.

Wetter

Überdurchschnittlich lange läßt sich im August 1965 die Sonne sehen. Statistiker messen, daß sie 242 Stunden scheint, 30 Stunden länger als der an den Wetterstationen gemessene langjährige Mittelwert angibt. Trotzdem liegt die mittlere Lufttemperatur bei nur 15,6 °C. Im Monatsmittel fällt nur halb so viel Regen wie im statistischen Mittel.

1966

Montag 29. August

🌐 Politik

DDR-Grenzsoldaten erschießen einen 40jährigen West-Berliner, der in den Ostsektor der Stadt schwimmen wollte.

🍸 Gesellschaft

Eine Massenkundgebung findet vor der sowjetischen Botschaft in Peking statt. Die chinesische Kulturrevolution erhält damit einen antisowjetischen Akzent. Am 18. August fand auf dem »Platz des himmlischen Friedens« in Peking die erste Massenkundgebung der »Roten Garden« zur Feier der Kulturrevolution statt. Verteidigungsminister Lin Piao sprach im Namen des Parteivorsitzenden der chinesischen KP, Mao Tse-tung, und demonstrierte damit seinen wachsenden Einfluß.

»Mini« heißt das Schlagwort der 60er – hier in Form eines Strickkleides

⛅ Wetter

Ein kühler, relativ regenreicher August 1966 beschert den Menschen nur selten ungetrübte Freude an sommerlichen Vergnügungen. Die Temperatur erreicht im Monatsmittel 16,7 °C und liegt damit unter dem langjährigen Mittelwert von 17,2 °C.

1967

Dienstag 29. August

Gesellschaft

Bei heftigen Regenfällen im Norden Japans kommen 33 Menschen ums Leben, neun Städte und Dörfer werden von der Außenwelt abgeschnitten. Etwa 67 000 Menschen werden obdachlos.

Gesellschaft

Rückkehr an das Jordanufer: Die Bewohner des West-Jordanufers, die nach dem Sechstagekrieg geflohen waren, kehren wieder in ihre Wohnstätten zurück. Am 31. August meldet die israelische Verwaltung Westjordaniens, daß 14 056 Bewohner zurückgekehrt sind. Die Rückkehr der Flüchtlinge wurde durch ein Abkommen zwischen Jordanien und Israel ermöglicht. Allein die Erwähnung des Namens Israel hatte die jordanische Regierung unter König Husain lange davon abgehalten, ein solches Abkommen zu unterzeichnen.

Kurzer Mantel mit Schlaghose: Auch in die Männermode kommt Bewegung

Wetter

Badegäste können sich im August 1967 von der Sonne verwöhnen lassen. 214 Stunden beträgt in diesem Sommermonat die Sonnenscheindauer.

1968

Donnerstag 29. August

Politik

Die 16jährige US-amerikanische Schwimmerin Debbie Meyer bricht bei den Olympiaqualifikationskämpfen der USA in Los Angeles gleich vier Weltrekorde im Kraulen.

Politik

In Chicago wird der Vizepräsident der USA, Hubert Humphrey, vom Konvent der Demokratischen Partei zum Präsidentschaftskandidaten für die Wahl im November gekürt. US-Präsident Lyndon B. Johnson hatte nicht mehr kandidiert.

> Erst Drohung, dann Hochzeit: Nachdem er zuvor mit Thronverzicht gedroht hatte, heiratet Kronprinz Harald in der norwegischen Hauptstadt Oslo die Bürgerliche Sonja Haraldsen.

Gesellschaft

Eine Konferenz der Nichtnuklearstaaten tagt in Genf. Delegationen aus 80 Ländern diskutieren über das atomare Wettrüsten. Die Nuklearmächte nehmen nur mit beratender Stimme teil.

Wetter

Herrliches Wetter lädt im August 1968 zu Spiel und Sport im Freien ein. Es fällt mit 29 mm (Durchschnitt: 68 mm) nur geringer Niederschlag.

1969

Freitag 29. August

Politik

In Ghana finden die ersten freien Wahlen seit der Abstimmung über die Unabhängigkeit 1956 statt. Aus ihnen geht die von dem Soziologieprofessor Kofi Abrefa Busia geführte Progress Party (Fortschrittspartei) mit 105 von 140 Sitzen als Siegerin hervor. Kofi Abrefa Busia wird am 3. September als Ministerpräsident vereidigt.

Gesellschaft

Auf einer Konferenz von Universitätsprofessoren und -dozenten in Wien wird die Errichtung eines internationalen Universitätszentrums für den Frieden in der österreichischen Hauptstadt beschlossen. Außerdem fordert die Konferenz den Aufbau von ähnlichen Friedensforschungszentren auch in anderen Ländern der Welt.

Wetter

Bei angenehmen Temperaturen sollten Spaziergänger im August 1969 den Regenschirm nicht vergessen. Die an den Wetterstationen gemessene Temperatur liegt im Monatsmittel bei 17,3 °C. Die Niederschlagsmenge ist mit 111 mm viel höher als der langjährige Mittelwert mit 68 mm vermerkt. Trotz des Regens scheint die Sonne immerhin noch 210 Stunden (Durchschnitt: 212 Stunden).

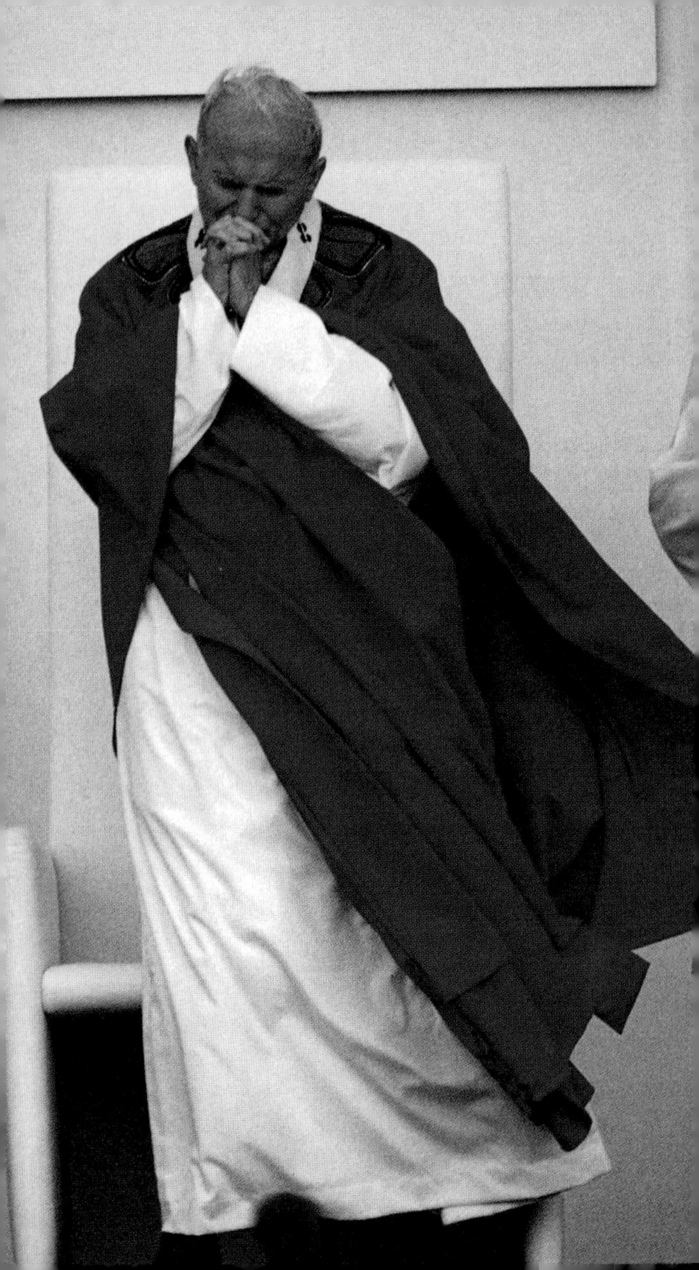

1970-1979

Highlights des Jahrzehnts

1970

- Neue deutsche Ostpolitik: Moskauer und Warschauer Vertrag
- Vietnamkrieg weitet sich auf Kambodscha aus
- Einstellung des Contergan-Prozesses

1971

- Einführung des Frauenwahlrechts in der Schweiz
- Friedensnobelpreis für Willy Brandt
- Hot pants – Modeschlager der Saison
- Kinohit »Love Story« rührt Millionen Zuschauer zu Tränen

1972

- Unterzeichnung des Rüstungskontrollabkommens SALT I
- Verhaftung von Baader-Meinhof-Terroristen
- Überfall palästinensischer Terroristen auf die israelische Mannschaft bei den Olympischen Spielen in München
- Unterzeichnung des Grundvertrages zwischen Bundesrepublik und DDR

1973

- Aufnahme beider deutscher Staaten in die UNO
- USA ziehen ihre Truppen aus Vietnam zurück
- Jom-Kippur-Krieg in Nahost
- Ölkrise: Sonntagsfahrverbot auf bundesdeutschen Straßen

1974

- Guillaume-Affäre stürzt Willy Brandt, neuer Bundeskanzler wird Helmut Schmidt
- Watergate-Affäre zwingt US-Präsident Nixon zum Rücktritt
- Deutschland wird Fußballweltmeister
- »Nelkenrevolution« in Portugal

1975

- Beginn des Bürgerkriegs im Libanon
- Unterzeichnung der KSZE-Schlußakte in Helsinki
- Spanien: Tod Francos und demokratische Reformen unter König Juan Carlos I.
- Einweihung des 3 km langen Elbtunnels in Hamburg
- Volljährigkeit von 21 auf 18 Jahre herabgesetzt

1976

- Umweltkatastrophe in Seveso
- Anschnallpflicht für Autofahrer
- Traumhochzeit des Jahres: Karl XVI. Gustav von Schweden heiratet die Deutsche Silvia Sommerlath

1977

- Entführung und Ermordung des Arbeitgeberpräsidenten Hanns Martin Schleyer
- Emanzipationswelle: Frauenzeitschrift »Emma« erscheint

1978

- Friedensverhandlungen zwischen Israel und Ägypten in Camp David
- In England kommt das erste Retortenbaby zur Welt

1979

- Überfall der Sowjetunion auf Afghanistan
- Schiitenführer Khomeini proklamiert im Iran die Islamische Republik
- Sandinistische Revolution beendet Somoza-Diktatur in Nicaragua

Reiselustig: Mit Johannes Paul II. wird 1978 erstmals ein Pole Papst

1970

Samstag 29. August

Sport

Außenseiter Kickers Offenbach wird in Hannover mit einem 2:1 gegen den 1. FC Köln DFB-Pokalsieger. Vor 50 000 Zuschauern erzielen Rolf »Pille« Gecks und Klaus Winkler die Tore für die Hessen. Von Beginn an wirken die hochfavorisierten Kölner nervös und verkrampft. Sie finden kein Mittel, um die dichtgestaffelte Kickers-Abwehr auszuspielen. Auf der anderen Seite kommen die Offenbacher zu mehreren Torchancen, von denen sie zwei in der 26. und 64. Minute nutzen.

Politik

Im Auftrag von US-Präsident Richard M. Nixon hat Vizepräsident Spiro T. Agnew die südostasiatischen Länder Südkorea, Südvietnam, Kambodscha und Thailand besucht, um die politische Situation zu erörtern und die Entschlossenheit der USA zu bekräftigen, ihre vertraglichen Verpflichtungen in Südostasien zu erfüllen.

Wetter

Eisdielen haben im August 1970 Hochkonjunktur. Die Temperatur beträgt im Durchschnitt 18,0 °C, fast 1 °C mehr als gewöhnlich. Auch die Sonne scheint mit insgesamt 228 Stunden länger als die Statistiker für diesen Monat ermittelt haben.

1971

Sonntag 29. August

Politik

Bei den südvietnamesischen Parlamentswahlen erreichen die Anhänger von Staatspräsident Nguyen Van Thieu eine solide Mehrheit von 60% der Stimmen. Die Parlamentswahl gilt als Prüfstein für das Abschneiden Nguyen Van Thieus bei der Präsidentschaftswahl am 3. Oktober.

Politik

Die französische Regierung entschließt sich, die Kernwaffenversuche, die seit Juni im Pazifik über dem Muroroa-Atoll in Französisch-Polynesien durchgeführt wurden, für dieses Jahr zu beenden.

Politik

Frankreichs Staatspräsident Georges Pompidou fordert die Mitgliedsstaaten der EWG auf, gemeinsame Anstrengungen im Kampf gegen das Rauschgiftproblem zu unternehmen.

Wetter

Trocken, heiß und sonnig: Der August 1971 ist ein traumhafter Sommermonat. Die Temperatur liegt im Durchschnitt bei fast 20 °C. Lediglich 8 mm Niederschlag messen die Meteorologen. 251 Stunden können Urlauber die Sonnenstrahlen genießen.

1972

Dienstag 29. August

Politik

US-Präsident Richard M. Nixon ordnet einen weiteren Truppenabbau in Vietnam an. Bis zum 1. Dezember soll die Gesamtstärke der US-Truppen auf 27 000 reduziert werden.

Politik

Erstmals seit 27 Jahren Teilung überschreitet eine amtliche südkoreanische Delegation die Grenze zwischen Nord- und Südkorea, um in der nordkoreanischen Hauptstadt Pjöngjang mit dem kommunistischen Bruderland Verhandlungen über menschliche Erleichterungen und eine spätere Wiedervereinigung des Landes zu beginnen.

Politik

Die Militärregierung von Madagaskar verhängt das Kriegsrecht. Die Maßnahme wird mit wirtschaftlichen Schwierigkeiten und der »gegenwärtigen allgemeinen Unsicherheit« begründet.

Wetter

Kühl und etwas regnerisch ist der August 1972. Die mittlere Lufttemperatur liegt mit 16,3 °C rd. 1 °C unter dem langjährigen Mittelwert. Die Regenmenge beträgt 73 mm (Mittelwert: 68 mm).

1973

Mittwoch 29. August

Politik

Das Bundeskabinett in Bonn verabschiedet den Entwurf eines Hochschulrahmengesetzes. Dieser sieht u.a. eine Neuordnung des Hochschulzugangs bei Zulassungsbeschränkungen und die Einführung der Regelstudienzeit vor.

Politik

Im Zusammenhang mit dem Watergate-Skandal verurteilt US-Bundesrichter John Sirica Präsident Richard M. Nixon dazu, Tonbänder mit Gesprächen herauszugeben.

Rekorde in den 70er Jahren

100 m: Marlies Göhr (GDR) – 10,88 sec (1977)
Hochsprung: Rosemarie Ackermann (GDR) – 2,00 m (1977)
Weitsprung: Vilma Bardauskiene (URS) – 7,09 m (1978)
800 m: S. Coe (GBR) – 1:42,4 min (1979)

Politik

Der argentinische Kongreß in Buenos Aires stimmt der Rückgabe des Vermögens zu, das 1955 von dem damaligen Präsidenten Juan Domingo Perón beschlagnahmt wurde.

Wetter

Als trockener und sonniger Sommermonat entpuppt sich der August 1973. Es regnet nur 31 mm, die Sonne scheint insgesamt 280 Stunden.

1974

Donnerstag 29. August

Kultur

Zum letztenmal erscheint die französische Tageszeitung »Combat«. Ursache des Niedergangs sind finanzielle und technische Probleme. Die linksgerichtete Zeitung wurde 1944 unter Mitwirkung von Albert Camus gegründet und stand unter dem Motto »Von der Résistance zur Revolution«.

> Erhöhung nach über 50 Jahren: Die schweizerische Post erhöht die seit 1923 unveränderten Telefongebühren um durchschnittlich 40%, da für 1974 ein Defizit von umgerechnet 261 Mio. DM erwartet wird.

Politik

In Rhodesien werden Einkommens- und Körperschaftssteuern um 10% erhöht. Finanzminister John James Wrathall begründet dies mit gestiegenen Kosten für die Bekämpfung der Guerillabewegung.

Wetter

Den Regenschirm sollten Spaziergänger und Ausflügler im August 1974 nicht vergessen. Es fallen immerhin 87 mm Niederschlag, fast 20 mm mehr als üblich. Die Temperatur liegt mit 17,9 °C leicht über dem langjährigen Mittelwert von 17,2 °C. Allerdings verzeichnen die Meteorologen an den Wetterstationen lediglich 209 Sonnenstunden. Normalerweise werden während der 31 Hochsommertage im Durchschnitt 212 Sonnenstunden registriert.

1975

Freitag 29. August

Politik

Portugals Staatspräsident Francisco da Costa Gomes entläßt den in den letzten Wochen heftig angegriffenen Regierungschef Vasco dos Santos Goncalves, ernennt ihn aber zum Generalstabschef der Armee. Neuer Ministerpräsident wird Admiral José Baptista Pinheiro de Azevedo. Goncalves zieht sich am 5. September aus allen Ämtern zurück.

Politik

In Peru stürzt die Armee den linksgerichteten Staatschef Juan Velasco Alvarado. Sein Nachfolger wird der bisherige Ministerpräsident Morales Bermudez. Er gilt als Führer der Gemäßigten unter den Offizieren.

Wetter

Ein herrlich warmer Sommermonat lockt im August 1975 die Menschen ins Freie. Fast 20 °C erreicht die Temperatur im Monatsmittel. Die Sonne scheint 68 Stunden länger als gewöhnlich. Abkühlung bringt ab und zu ein Regenschauer. Die an den Wetterstationen gemessene Niederschlagsmenge liegt mit 85 mm über dem Mittelwert von 68 mm.

Stars der 70er Jahre

Robert de Niro
Filmschauspieler
Jane Fonda
Filmschauspielerin
Woody Allen
Filmregisseur
Steven Spielberg
Filmregisseur
Muhammad Ali
Boxer

1976

Sonntag 29. August

Sport

Der britische Automobilrennfahrer James Hunt gewinnt auf McLaren in Zandvoort (Niederlande) den Großen Preis von Europa.

Gesellschaft

Der französische Bischof Marcel Lefebvre zelebriert in Lille eine Messe nach dem alten, vom Vatikan abgelehnten Ritus. An der Messe nehmen rd. 6000 Menschen teil. Im Juli war Lefebvre von seinem Priester- und Bischofsamt suspendiert worden.

> Der Radiosender des Vatikan fordert die Frauen in der Welt auf, in Spannungsgebieten mit Trillerpfeifen für den Frieden zu demonstrieren.

Politik

In Kuwait löst Emir Sabah Salim As Sabah das Parlament auf und verfügt Einschränkungen der Pressefreiheit. Kurz zuvor war die Regierung des arabischen Emirats wegen Unruhen in der Bevölkerung zurückgetreten.

Wetter

Der Sonnenschirm bietet im August 1976 den notwendigen Schutz. 231 Stunden steht die Sonne am Himmel, fast 20 Stunden mehr als üblich. Trotzdem liegt die mittlere Lufttemperatur bei 17,1 °C.

1977

Montag 29. August

Sport

Der Deutsche Gregor Braun siegt bei den Rad-Weltmeisterschaften in Venezuela im 5-km-Verfolgungsfahren der Profis.

Gesellschaft

In Nairobi wird unter der Beteiligung von Delegierten aus mehr als 100 Staaten eine UNO-Konferenz über den Kampf gegen das Vordringen der Wüsten eröffnet. Auf der sog. UNCOD-Konferenz beschließen die Teilnehmer u.a. eine Reihe von Forschungsprojekten zur Rekultivierung von Ödland.

Politik

Der syrische Staatschef Hafis Al Asad erklärt in Damaskus seine grundsätzliche Bereitschaft zu einem Friedensvertrag mit Israel.

Wetter

Bei einem Ausflug im August 1977 sollte der Regenschirm nicht vergessen werden. Insgesamt 91 mm Niederschlag fällt in diesem Sommermonat, 23 mm mehr als gewöhnlich.

Preise in den 70er Jahren

1 kg Butter	8,36
1 kg Mehl	1,16
1 kg Fleisch	10,15
1 l Vollmilch	1,06
1 Ei	0,22
10 kg Kartoffeln	6,44
1 kg Zucker	1,65
Stundenlohn	10,40

in DM, Stand 1975

1978

Dienstag 29. August

🌐 Politik

Hissene Habré, Chef einer der Befreiungsbewegungen im Tschad, wird vom Staatspräsidenten Felix Malloun zum Ministerpräsidenten ernannt.

🌐 Politik

Ausgestellte Hosen und viel Schmuck trägt die moderne Frau in den 70er Jahren

Labil bleibt die innenpolitische Situation in Nicaragua. Am Vortag mißlang ein Putschversuch von Teilen der Nationalgarde gegen Staatspräsident Anastasio Somoza Debayle. Nach Verschärfung der Bürgerkriegskämpfe verhängt Somoza am 14. September das Kriegsrecht. Die innenpolitische Krise in dem mittelamerikanischen Staat tritt damit in eine neue Phase. Das Somoza-Regime mobilisiert die letzten Reserven, um den Vormarsch der linksgerichteten sandinistischen Befreiungsbewegung zu stoppen.

⛅ Wetter

Wolken bedecken im August 1978 überdurchschnittlich lange den Himmel. Die Sonne läßt sich nur 190 Stunden sehen und bleibt damit 22 Stunden unter dem langjährigen Mittelwert.

1979

Mittwoch 29. August

Politik

Zu einer Kontroverse führen die Gespräche des israelischen Außenministers Moshe Dayan mit Anhängern der palästinensischen Befreiungsorganisation PLO in Gaza. In der Öffentlichkeit werden Stimmen laut, die Dayans Rücktritt fordern.

Sport

Freude über deutsches Fecht-Gold: Bei den Fecht-Weltmeisterschaften gab es am Vortag erstmals seit 1961 wieder einen deutschen Sieg bei den Damen: Cornelia Hanisch aus Offenbach setzt sich im Finale mit vier Siegen und nur einer Niederlage gegen die sowjetische Titelverteidigerin Walentina Sidorowa und Olympiasiegerin Ildiko Schwarzenberger aus Ungarn durch.

Wetter

Regenarm und sonnig - der August 1979 zeigt sich von seiner schönen Seite und lädt zu Ausflügen und Spaziergängen ein. Die Meteorologen messen 45 mm Niederschlag, 23 mm weniger als der langjährige Mittelwert angibt. Die Sonnenscheindauer beträgt 218 Stunden.

Voll im Zeitgeschmack: Der Midimantel mit aufgesetzten Taschen für kalte Winter

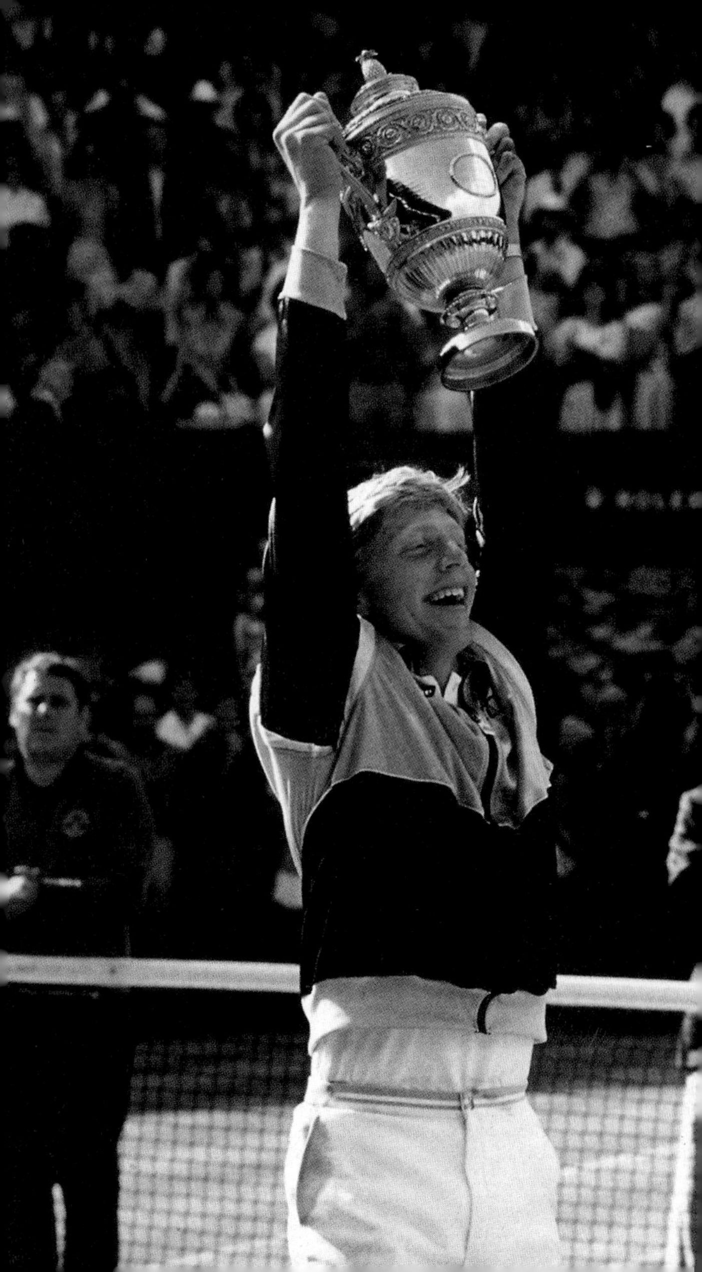

1980-1989

Highlights des Jahrzehnts

1980
- Golfkrieg zwischen Iran und Irak
- Gründung einer neuen Bundespartei: »Die Grünen«
- Bildung der polnischen Gewerkschaft »Solidarność«

1981
- Attentate auf US-Präsident Ronald Reagan, den Papst und Ägyptens Staatschef Anwar As Sadat
- Erster Start der wiederverwendbaren Raumfähre »Columbia«
- In den USA werden die ersten Fälle von AIDS bekannt
- Hochzeit des Jahres: Der britische Thronfolger Charles, Prince of Wales, heiratet Lady Diana

1982
- Krieg um die Falkland-Inseln
- Sozialliberale Koalition bricht auseinander; Helmut Kohl wird neuer Bundeskanzler
- Selbstjustiz vor Gericht: der »Fall Bachmeier«
- »E. T. – der Außerirdische« wird zum Kinohit

1983
- US-Invasion auf Grenada
- Skandal um gefälschte Hitler-Tagebücher
- Aerobic wird in der Bundesrepublik populär

1984
- Richard von Weizsäcker wird Bundespräsident
- Ermordung von Indiens Ministerpräsidentin Indira Gandhi, Nachfolger wird ihr Sohn Rajiv Gandhi

1985
- Michail Gorbatschow wird neuer Kremlchef
- Sensation: Boris Becker siegt als erster Deutscher in Wimbledon
- »Live-Aid-Concert« für Afrika

1986
- Attentat auf Schwedens Ministerpräsident Olof Palme
- Katastrophe im Kernkraftwerk Tschernobyl
- Explosion der US-Raumfähre »Challenger«
- Premiere des Musicals »Cats« in Hamburg

1987
- Widerstand gegen Volkszählung
- Barschel-Affäre in Kiel
- Matthias Rust landet mit einem Sportflugzeug auf dem Roten Platz in Moskau

1988
- Atommüllskandal in Hessen
- Ende des Golfkriegs
- Geiseldrama von Gladbeck als Medienspektakel
- Dopingskandal überschattet Olympische Spiele in Seoul
- Reagan und Gorbatschow vereinbaren Verschrottung atomarer Mittelstreckenraketen

1989
- Die DDR öffnet ihre Grenzen
- Blutbad auf dem Platz des Himmlischen Friedens in Peking
- Demokratisierungskurs im gesamten Ostblock
- »Exxon Valdez«: Ölpest vor Alaska

Jüngster Wimbledon-Sieger aller Zeiten: Der 17jährige Boris Becker 1985

1980

Freitag 29. August

Politik

Acht philippinische Oppositionsgruppen schließen sich zusammen, um gemeinsam gegen Präsident Ferdinando E. Marcos und für die Wiedereinführung der Demokratie zu kämpfen.

Technik

Das Atomkraftwerk Brunsbüttel muß wegen technischer Defekte erneut stillgelegt werden. Es ist erst vor acht Tagen nach fast zweijähriger Pause wieder in Betrieb gesetzt worden.

Gesellschaft

Zuspitzung der Situation in Frankreich. Die französische Kriegsmarine ging am Mittwoch auf Anweisung der Regierung mit Wasserwerfern und Tränengas gegen Fischerboote vor, die den größten Ölhafen Frankreichs in der Nähe von Marseille blockieren. Bei einer ähnlichen Aktion in Antifer waren am Vortag vier Fischer verletzt worden.

Wetter

Strickjacke und Regenschirm sollten bei einem Ausflug im August 1980 nicht fehlen. Die mittlere Lufttemperatur beträgt nur 16,6 °C, die Regenmenge liegt bei 84 mm (Mittelwert: 68 mm).

1981

Samstag 29. August

Politik

Arabische Terroristen verüben einen Anschlag auf eine Synagoge in der Wiener Innenstadt. Das Attentat fordert zwei Tote und 20 Verletzte. Zu dem Anschlag bekennen sich Terroristen, die sich als Mitglieder der mit der PLO verwandten Gruppe »Generalskommando Al Arifa« ausgeben. Bei der Explosion wird auch einer der Terroristen getötet, die anderen beiden Attentäter werden festgenommen. Als Angehörige einer palästinensischen Splittergruppe ist es ihr Ziel, die Friedenspolitik im Nahen Osten zu torpedieren.

Gesellschaft

Bei einem Explosionsunglück in einem Chemiewerk der Degussa im südbadischen Rheinfelden kommen drei Menschen ums Leben.

Stars der 80er Jahre

Richard Gere
Filmschauspieler

Madonna
Sängerin

Harrison Ford
Filmschauspieler

Jodie Foster
Filmschauspielerin

Michael Jackson
Sänger

Wetter

Kühl und bewölkt präsentiert sich der August 1981. Die Temperatur bleibt mit durchschnittlichen 16,5 °C deutlich unter dem langjährigen Mittelwert von 17,9 °C. Die Sonne läßt sich nur 174 Stunden sehen (Durchschnitt: 212 Stunden).

1982

Sonntag 29. August

Sport

Bei der Weltmeisterschaft der Dressurreiter im schweizerischen Lausanne gewinnt Reiner Klimke Gold im Einzelwettbewerb und siegt gemeinsam mit Gabriela Grillo und Uwe Schulten-Baumer auch im Mannschaftswettbewerb.

Gesellschaft

Nach fast dreijähriger Reise beenden zwei britische Forscher ihre Weltumrundung entlang des Greenwich-Meridians. Die Forscher waren im September 1979 vom Londoner Stadtteil Greenwich aufgebrochen und erreichten, nachdem sie auf dem Weg durch Afrika die Sahara durchquert hatten, im Dezember 1980 in einem Schneemobil den Südpol.

Gesellschaft

Als erstes Oberhaupt der katholischen Kirche besucht Papst Johannes Paul II. San Marino.

Wetter

Freibäder haben Hochkonjunktur im August 1982. Bei einer mittleren Temperatur von 18,5 °C tummeln sich die »Wasserratten« in den Schwimmbecken. Meteorologen messen nur 46 mm Niederschlag. Die Sonne scheint 227 Stunden.

1983

Montag 29. August

Politik

Auf Drängen der Opposition im Lande hebt Diktator Augusto Pinochet Ugarte den Ausnahmezustand in Chile auf. Am 8. September finden anläßlich des fünften »Nationalen Protesttages« gegen die Militärdiktatur Demonstrationen statt. Vier Menschen werden von der Polizei getötet.

Gesellschaft

In Haft ist der Sprayer von Zürich. Der Künstler Harald Nägeli wurde am Vortag an der deutschen Grenzkontrolle im Fährhafen von Fehmarn verhaftet. Gegen Nägeli lag seit dem 14. Juli 1982 ein internationaler Haftbefehl vor, der sich auf seine Verurteilung durch ein Züricher Gericht wegen Sachbeschädigung gründete. Nägeli hatte in Zürich Strichmännchen auf Häuserwände gesprüht, mit denen er seit 1977 die Öffentlichkeit provozierte. Seine Bilder wurden nicht als Kunstwerke anerkannt, sondern als Sachbeschädigung gewertet.

Wetter

Ein sonnig-warmes Sommerwetter beschert den Eisdielen im August 1983 einen kräftigen Umsatz. 254 Stunden (Durchschnitt: 212 Stunden) brennt die Sonne vom Himmel. Die mittlere Lufttemperatur erreicht 18,6 °C. Es regnet 69 mm.

1984

Mittwoch 29. August

Sport

Bei den Radweltmeisterschaften in Barcelona (Spanien) gewinnen Frank Weber und Jürgen Greil aus der Bundesrepublik überraschend den Wettbewerb im Tandemfahren.

Gesellschaft

Die »Hifivideo 84« findet in Düsseldorf statt. Auf dem Phonosektor interessiert sich das Publikum vor allem für die Weiterentwicklung der Compact Disc (CD).

Politik

Der Machtkampf in Uganda fordert Tausende von Toten: Vor dem Parlament forderte der Vorsitzende der oppositionellen Demokratischen Partei, Paul Semogerere, am Vortag die Regierung zu Verhandlungen mit der Rebellenbewegung auf.

Wetter

Herrlich warm und niederschlagsarm ist der August 1984. Die mittlere Temperatur beträgt 18,1 °C, fast 1 °C mehr als im Schnitt. Es regnet nur 43 mm.

Rekorde in den 80er Jahren

1500 m: S. Aouita (MAR) – 3:29,46 min (1985)
Stabhochsprung: Sergej Bubka (URS) – 6,00 m (1985)
100 m: Florence Griffith (USA) – 10,49 sec (1988)
Hochsprung: Javier Sotomayor (CUB) – 2,44 m (1989)

1985

Donnerstag 29. August

Politik

Vor dem Landgericht Bonn beginnt der Parteispenden-Prozeß gegen die früheren Bundeswirtschaftsminister Otto Graf Lambsdorff und Hans Friderichs (beide FDP) sowie den ehemaligen Flick-Manager Eberhard von Brauchitsch.

Politik

Unter Hausarrest wird die pakistanische Oppositionspolitikerin Benazir Bhutto gestellt, nachdem sie in einer Ansprache vor Tausenden von Anhängern in Karatschi die Beendigung des Kriegsrechts verlangt und eine breite Massenbewegung zur Wiederherstellung demokratischer Verhältnisse in Pakistan angekündigt hatte.

Technik

Die ARD beginnt mit der Ausstrahlung von Fernsehsendungen in Stereoton.

Wetter

Ein milder Sommermonat mit leicht unterdurchschnittlichen Wetterdaten ist der August 1985. Die mittlere Temperatur beträgt 16,9 °C und damit 0,3 °C weniger als üblich. 60 mm Regen messen die Meteorologen. Die Sonne scheint 205 Stunden.

1986

Freitag 29. August

Gesellschaft

Unverletzt bleiben drei Ost-Berliner, die mit einem Kieslaster die innerdeutschen Grenzsperren am Checkpoint Charlie durchbrechen und in den Westteil der Stadt fliehen. Am 13. August sprachen im Reichstagsgebäude der frühere Regierende Bürgermeister von Berlin und SPD-Vorsitzende Willy Brandt, Bundeskanzler Helmut Kohl und der amtierende Bürgermeister Eberhard Diepgen (beide CDU) auf der zentralen Gedenkveranstaltung zum Bau der Mauer vor 25 Jahren.

Auffällig unauffällig: So stellt sich die lässige Frau der 80er ihre Mode zusammen

Politik

König Hassan II. von Marokko kündigt nach der Kritik Libyens an seinem Treffen mit dem israelischen Ministerpräsidenten Schimon Peres den im August mit Libyen geschlossenen Vertrag über eine Staatenunion.

Wetter

Angenehme Temperaturen laden im August 1986 zu Spaziergängen und Wanderungen ein. Mit 51 mm Regen fällt weniger Niederschlag als sonst.

1987

Samstag 29. August

Gesellschaft

Die Internationale Funkausstellung lockt die Besucher nach West-Berlin. Messeschlager ist der neue digitale Tonträger DAT. Dieser neue, in Japan entwickelte Tonträger nutzt zur Tonaufzeichnung die Digitaltechnik. Obwohl die verwendeten Kassetten kompakter sind als herkömmliche Audio-Kassetten, ermöglicht DAT eine deutlich bessere Wiedergabe. Auf der weltweit bedeutendsten Messe für Unterhaltungselektronik präsentieren 365 Unternehmen neun Tage lang ihre Produkte.

Kultur

Die 44. Filmbiennale wird in Venedig eröffnet. Gewinner des Goldenen Löwen wird »Auf Wiedersehen, Kinder« von Louis Malle.

Leger und bequem: Herrenmode im Oversize-Stil mit Jackenmantel

Wetter

Bewölkt und kühl ist der August 1987. Nur 149 Stunden scheint die Sonne, fast 70 Stunden weniger als üblich. Dementsprechend niedrig ist die mittlere Temperatur, die nur 15,7 °C beträgt. Der von den Meteorologen an den Wetterstationen gemessene langjährige Mittelwert liegt bei 17,2 °C.

1988

Montag 29. August

Politik

Die im Rahmen des INF-Vertrages zwischen den USA und der Sowjetunion zum Abbau der atomaren Mittelstreckenraketen vereinbarte Bestandsaufnahme der Arsenale ist abgeschlossen. Mit der Verschrottung der Raketen wird am 8. September begonnen. Am 1. Juni trafen sich US-Präsident Ronald Reagan und der sowjetische Parteichef Michail Gorbatschow. Höhepunkt war der Austausch der Ratifizierungsurkunden für den Vertrag über die Beseitigung nuklearer Mittelstreckenraketen.

Preise in den 80er Jahren

1 kg Butter	9,44
1 kg Mehl	1,36
1 kg Fleisch	11,83
1 l Vollmilch	1,22
1 Ei	0,26
10 kg Kartoffeln	8,84
1 kg Zucker	1,94
Stundenlohn	17,23
in DM, Stand 1985	

Gesellschaft

In der nicaraguanischen Hauptstadt Managua diskutieren 320 Delegierte aus sieben amerikanischen Staaten über die Rechte der Indianer. In einer gemeinsamen Resolution wird die Förderung der materiellen Grundlagen der amerikanischen Ureinwohner beschlossen.

Wetter

Kaum Niederschlag beschert der August 1988 den Urlaubern. Lediglich 22 mm Regen fallen. Im Durchschnitt werden 68 mm gemessen.

1989

Dienstag 29. August

Gesellschaft

Anläßlich des 50. Jahrestages des Kriegsbeginns findet in Frankfurt am Main ein zweitägiger deutsch-polnischer Historiker-Kongreß statt.

Gesellschaft

Schwere Schäden hat ein orkanartiger Sturm und Dauerregen an der schleswig-holsteinischen Ostseeküste angerichtet.

> Über phantastische Bilder vom Neptun freuen sich die Wissenschaftler. Die Raumsonde »Voyager 2« hat Aufnahmen des Planeten an die Erde gefunkt.

Politik

Die Kambodscha-Konferenz tagt in Paris. Am folgenden Tag endet sie ergebnislos. Am 26. September wird der Abzug vietnamesischer Truppen aus Kambodscha abgeschlossen. Damit ist eine der zentralen Forderung der Widerstandsgruppen für die Aufnahme von Friedensgesprächen mit der Regierung erfüllt.

Wetter

Ein relativ durchschnittlicher Sommermonat ist der August 1989. Im Schnitt liegt die Temperatur bei 17,5 °C, es regnet 61 mm. Mit 220 Stunden scheint die Sonne etwas mehr als sonst.

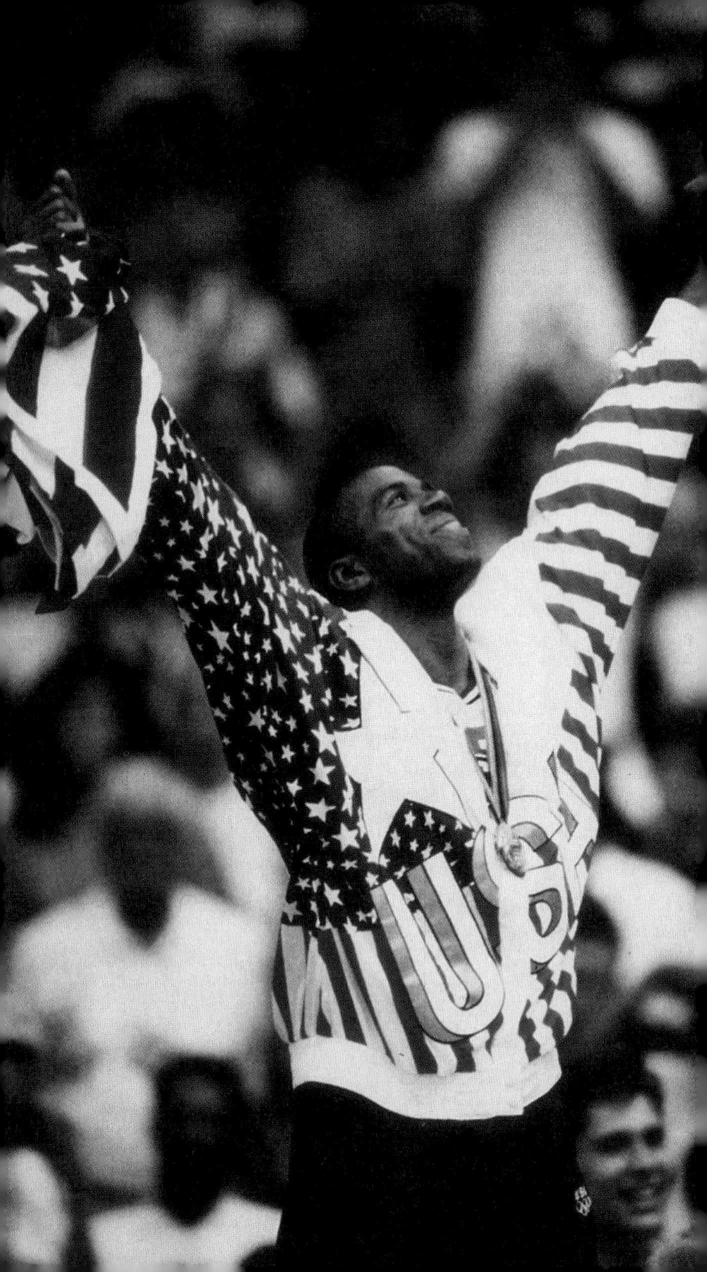

1990–1996

Highlights des Jahrzehnts

1990

Wiedervereinigung Deutschlands
Südafrika: Nelson Mandela nach 27jähriger Haft freigelassen
Irakische Truppen überfallen das Emirat Kuwait
Gewerkschaftsführer Lech Walesa neuer polnischer Präsident
Litauen erklärt Unabhängigkeit
Deutsche Fußballnationalelf zum dritten Mal Weltmeister
Star-Tenöre Carreras, Domingo und Pavarotti treten gemeinsam auf

1991

Alliierte befreien Kuwait und beenden Golfkrieg
Auflösung des Warschauer Pakts
Bürgerkrieg in Jugoslawien
Auflösung der Sowjetunion – Gründung der GUS
Sensationeller archäologischer Fund: »Ötzi«
Vertrag von Maastricht
Sieben Oscars für Kevin Costners »Der mit dem Wolf tanzt«
Bürgerkrieg in Somalia
Frieden im Libanon

1992

Abschaffung der Apartheid-Politik in Südafrika
Entsendung von UNO-Blauhelmsoldaten nach Jugoslawien
Tod des ehemaligen Bundeskanzlers Willy Brandt
Bill Clinton zum 42. US-Präsidenten gewählt
In Hamburg wird mit Maria Jepsen zum ersten Mal eine Frau Bischöfin
Fertigstellung des Rhein-Main-Donau-Kanals

1993

- Teilung der ČSFR in die Tschechische und die Slowakische Republik
- Rechtsradikale Gewaltakte gegen Ausländer
- Gaza-Jericho-Abkommen zwischen Israel und der PLO
- Skandal um HIV-Blutplasma
- Einführung von fünfstelligen Postleitzahlen im Bundesgebiet
- Sexskandal um Pop-Star Michael Jackson

1994

- Nelson Mandela erster schwarzer Präsident Südafrikas
- Fertigstellung des Eurotunnels unter dem Ärmelkanal
- Über 900 Todesopfer beim Untergang der Fähre »Estonia«
- Abzug der letzten russischen Truppen aus Berlin
- Michael Schumacher erster deutscher Formel-1-Weltmeister

1995

- Weltweite Proteste gegen französische Atomversuche im Pazifik
- Giftgasanschlag in Tokio
- Einführung von Pflegeversicherung und Solidaritätszuschlag
- Verpackungskünstler Christo verhüllt den Berliner Reichstag
- Ermordung des israelischen Regierungschefs Yitzhak Rabin
- Friedensvertrag für Bosnien

1996

- Arafat gewinnt Wahlen in Palästina
- IRA kündigt Waffenstillstand auf
- 100 Jahre Olympia: Jubiläumsspiele der Superlative in Atlanta

Magic Johnson, Star des Basketball-»Dream Teams« aus den USA

1990

Mittwoch 29. August

Sport

Bei den Weltmeisterschaften im Bahnrad-Fahren in Japan holt Rudi Dhaenens aus Belgien den Titel. Weltmeister der Amateure wird der Italiener Mirco Gualdi. Im 100-km-Mannschaftszeitfahren erreicht das deutsche Team Bronze hinter der UdSSR und der DDR. Bei den Damen holt Cathérine Marsal (FRA) den WM-Titel, das 50-km-Mannschaftsrennen beenden die niederländischen Damen mit Gold. Am 22. Juli gewann der US-Amerikaner Greg LeMond zum dritten Mal die Tour de France.

Politik

Saddam Hussein kündigt in einer Fernsehansprache an, daß ausländische Frauen und Kinder ab dem 31. August den Irak verlassen könnten.

Gesellschaft

Bei Ramstein kommen beim Absturz eines US-Transportflugzeugs 13 Menschen ums Leben.

Wetter

Sonnenhungrige kommen im August 1990 auf ihre Kosten. 254 Stunden lang können sie die warmen Sonnenstrahlen genießen, bei einer mittleren Temperatur von 18,7 °C (Durchschnitt: 17,9 °C).

1991

Donnerstag 29. August

Politik

Die Bundesanwaltschaft leitet gegen den früheren DDR-Devisenbeschaffer Alexander Schalck-Golodkowski ein Ermittlungsverfahren wegen Spionageverdachts ein.

Gesellschaft

In Jugoslawien finden Demonstrationen gegen den Bürgerkrieg statt. In Belgrad und Zagreb versammeln sich Hunderte von Soldatenmüttern und -ehefrauen.

Gesellschaft

Nach zehnmonatigem Asyl in der französischen Botschaft in Beirut geht der ehemalige christliche Milizenführer Michel Aoun ins Exil nach Frankreich. Im Oktober 1990 hatte Aoun vor der Übermacht der libanesischen Armee und der Syrer kapitulieren müssen.

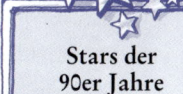

Stars der 90er Jahre

Kevin Costner
Filmschauspieler
Julia Roberts
Filmschauspielerin
Whitney Houston
Sängerin
Michael Schumacher
Rennfahrer
Luciano Pavarotti
Sänger

Wetter

Freibäder haben im August 1991 Hochkonjunktur. Die mittlere Lufttemperatur liegt bei herrlichen 19,4 °C und damit mehr als 1 °C über dem Schnitt.

1992

Samstag 29. August

Politik

Die Nachbarstaaten Armenien und Aserbaidschan, die seit vier Jahren um die Enklave Berg-Karabach kämpfen, vereinbaren eine Feuerpause.

Gesellschaft

Mit einer Luftbrücke wird die unter Dürre und Bürgerkrieg leidende Bevölkerung in Somalia versorgt. Offiziell wurde die Luftbrücke der Vereinten Nationen am 15. August eröffnet. Nach Angaben des Roten Kreuzes vom 6. August sind 1,5 Mio. Menschen am Horn von Afrika vom Hungertod bedroht. Seit Monaten war die Katastrophe abzusehen, da sich Millionen Menschen in Somalia auf der Flucht vor Krieg und Dürre befanden. Die größte internationale Hilfsoperation seit 1984 beginnt zu spät, um Hunderttausende Somalier vor dem Hungertod zu retten.

Krawatte ist kein Muß mehr: Anzug mit zweireihigem Sakko

Wetter

Ein schöner Sommermonat erfreut im August 1992 Spaziergänger und Ausflügler. 228 Stunden scheint die Sonne, elf Stunden länger als sonst.

1993

Sonntag 29. August

Gesellschaft

Beim Bruch einer 60 m hohen Staumauer aus Stahlbeton kommen in Nordwestchina mehr als 300 Menschen ums Leben.

Gesellschaft

Hassan II. setzt sich selbst ein Denkmal. Der König von Marokko weiht am folgenden Tag das nach der Moschee in Mekka zweitgrößte islamische Gotteshaus der Welt ein. Das Bauwerk hat umgerechnet rd. 1 Mrd. DM gekostet. Die »Große Moschee Hassan II.« ist ein Bau der Superlative. 25 000 Gläubige finden in der 60 m hohen, 200 m langen und 100 m breiten Moschee Platz, die von dem französischen Architekten Michel Pinseau entworfen wurde. Vor dem 200 m hohen Minarett weist ein Laserstrahl 35 km weit in Richtung Mekka.

Für die heißen Sommer der 90er Jahre: Kleid mit Bustieroberteil

Wetter

Relativ kühle Temperaturen bringt der August 1993. Die mittlere Lufttemperatur beträgt lediglich 16,9 °C. Normalerweise wird im Durchschnitt 18,2 °C erreicht. Die Sonne scheint 227 Stunden.

1994

Montag 29. August

🌐 Politik

Israel und die PLO vereinbaren eine Ausdehnung der palästinensischen Selbstverwaltung auf die Bereiche Bildung, Steuern, Sozialfürsorge und Tourismus.

🍸 Gesellschaft

Die letzten russischen Soldaten räumen ihre Stellungen in Deutschland. Am 31. August werden sie in Anwesenheit von Präsident Boris Jelzin aus der deutschen Hauptstadt Berlin verabschiedet. Während sich am 18. Juni die Truppen der drei Westmächte auf der Straße des 17. Juni von rd. 75 000 Zuschauern bejubeln ließen, fiel die letzte Parade der russischen 6. Garde-Schützenbrigade im Bezirk Köpenick bescheiden aus. Den Russen bleibt der Eindruck nicht erspart, nur noch Siegermacht zweiter Klasse zu sein.

Rekorde in den 90er Jahren

Weitsprung: Mike Powell (USA) – 8,95 m (1991)
110 m Hürden: Colin Jackson (USA) – 12,91 sec (1993)
Skifliegen: E. Bredesen (NOR) – 209 m (1994)
Dreisprung: J. Edwards (GBR) – 18,29 m (1995)

☀️ Wetter

Regnerisch, aber warm ist das Wetter im August 1994. Die Meteorologen messen 102 mm Regen, fast 40 mm mehr als gewöhnlich. Trotzdem werden 232 Sonnenstunden registriert (Durchschnitt: 219).

1995

Dienstag 29. August

Politik

Der Gründer der STATT-Partei, der Verleger Markus Wegner, verläßt die Wählergemeinschaft. Er kommt einem Parteiausschlußverfahren zuvor. Sein Bürgerschaftsmandat will er behalten.

Politik

Der Krieg auf dem Balkan dauert an: Bei dem bisher größten Kampfeinsatz der NATO greifen am folgenden Tag Flugzeuge der Allianz serbische Stellungen rund um Sarajevo und die Muslim-Enklave Tuzla und Gorazde sowie die Serben-Hochburg Pale an. Die NATO antwortet damit auf einen bosnisch-serbischen Granatenangriff auf einen Marktplatz in Sarajevo, bei dem am 28. August 37 Menschen starben und 68 zum Teil schwer verletzt wurden.

Preise in den 90er Jahren

1 kg Butter	8,20
1 kg Mehl	1,21
1 kg Fleisch	12,85
1 l Vollmilch	1,33
1 Ei	0,27
10 kg Kartoffeln	10,30
1 kg Zucker	1,92
Stundenlohn	24,91

in DM, Stand 1993

Wetter

Herrlich warm, sonnig und niederschlagsarm ist der August 1995. Die mittlere Lufttemperatur liegt mit 20,6 °C deutlich über dem Mittelwert für diesen Monat von 18,2 °C. Die Regenmenge beträgt nur 51 mm. Die Sonne läßt sich 260 Stunden sehen.

1996

Donnerstag 29. August

1997

Freitag **29.** *August*

1915

Sonntag 29. August

Ingrid Bergman
*29.8.1915, Stockholm

Die schwedische Schauspielerin, der erste »natürliche« Star Hollywoods, wurde neben Humphrey Bogart in dem Kultfilm »Casablanca« (1942) zur Filmlegende. Ehe sie 1938 dem Ruf des Produzenten David O. Selznicks nach Hollywood folgte, war sie in ihrer Heimat bereits ein Star. Die dreifache Oscar-Preisträgerin spielte u.a. in Alfred Hitchcocks »Berüchtigt« (1946). Unter großem öffentlichem Aufsehen ließ sich die Bergman, die 1982 starb, von ihrem ersten Ehemann scheiden und heiratete 1951 den italienischen Regisseur Roberto Rosselini.

1920

Sonntag **29.** *August*

Charlie Parker
*29.8.1920, Kansas City/Missouri (USA)

Der Komponist und Altsaxophonist, der eine ganze Jazz-Generation beeinflußte, zählte zu den wichtigsten Wegbereitern des Bebop. Seine Quintette, in denen u.a. Dizzy Gillespie und Miles Davis mitwirkten, wurden in den 40er Jahren stilbildend. Gerühmt wurde Parker, genannt »Bird«, für seine blueshaft-expressive Spielweise und seine überragende Improvisationskunst. Seine bekanntesten Kompositionen sind »Perhaps«, »Leap frog«, »Bloomdido« und »Cool Jazz«. Der schwer Drogenabhängige starb 1955, im Alter von nur 34 Jahren.

1946

Donnerstag 29. August

Robert »Bob« Beamon
*29.8.1946, Jamaica bei New York

Mit seinem Rekord-Weitsprung von 8,90 m bei den Olympischen Spielen in Mexiko 1968 katapultierte sich der US-Leichtathlet in die Ruhmeshalle der Sportgeschichte. Der »Jahrhundertsprung«, der unter leistungsfördernden Höhenbedingungen (2260 m) und mit einem noch erlaubten Rückenwind von 2 m/sec zustande kam, verbesserte die alte Bestmarke um 55 cm. Der Weltrekord galt lange Zeit als unüberbietbar. Erst 1991 setzte Beamons Landsmann Mike Powell bei der Leichtathletik-WM in Tokio mit 8,95 m eine neue Bestmarke.

1949

Montag 29. August

Richard Gere

*29.8.1949, Philadelphia/Pennsylvania (USA)

Seit seinem Hollywood-Durchbruch mit »Ein Mann für gewisse Stunden« (1980) wird der US-Schauspieler wegen seines blendenden Aussehens häufig als männliches Sexsymbol eingesetzt. Es folgten mit »Ein Offizier und Gentleman« (1983), »Internal Affairs« (1990), »Sommersby« (1993) und »Zwielicht« (1996) weitere Erfolge. Zusammen mit Julia Roberts verkörperte er in »Pretty Woman« (1990) das Traumpaar der frühen 90er Jahre. Zu Beginn seiner Karriere spielte Gere 1973 in England die Hauptrolle in dem Musical »Grease«.

1958

Freitag 29. August

Michael Jackson
***29.8.1958, Gary/Indiana (USA)**

Der US-amerikanische Sänger und Tänzer war der weltweit erfolgreichste Musiker der 80er Jahre. Seine LP »Thriller« wurde über 45 Mio. mal verkauft. Zu seinen Hits zählen u.a. »Beat it« (1982) und »Earth Song« (1995). Bei der optischen Umsetzung seiner Hits in Videoclips setzte Jackson Maßstäbe für Qualität und Perfektion. Bereits als Teil der Familiengruppe »The Jackson Five« war er in den 70er Jahren ein Kinderstar. Aufsehen erregte der farbige Sänger u.a. durch kosmetische Eingriffe, die sein Aussehen und seine Hautfarbe veränderten.

Impressum

© Chronik Verlag
im Bertelsmann Lexikon Verlag GmbH, Gütersloh/München 1996

Autoren: Johannes Ebert, Andreas Schmid
Redaktion: txt redaktionsbüro ebert & schmid, Lünen
Bildredaktion: Sonja Rudowicz
Umschlaggestaltung
und Layout: Pro Design, München
Satz: Druck & Litho Reichenberg GmbH, Bocholt
Druck: Brepols, Turnhout

Abbildungsnachweis: Cinetext, Frankfurt: 128, 131; dpa, Frankfurt: 129; Public Address, Hamburg: 132; Werek, München: 130.
Modefotos 1900-30er Jahre, Damenmode 40er Jahre, Damenmode 50er Jahre: Bertelsmann Lexikon Verlag, Gütersloh; Modefotos Herrenmode 40er Jahre, Herrenmode 50er Jahre, 60er-90er Jahre: Prof. Dr. Ingrid Loschek, Boxford.
Alle übrigen Abbildungen: Bettmann Archive/UPI/Reuters/John Springer Coll., New York.

Trotz größter Sorgfalt konnten die Urheber des Bildmaterials nicht in allen Fällen ermittelt werden. Wir bitten gegebenenfalls um Mitteilung.

Das Werk einschließlich seiner Teile ist urheberrechtlich geschützt. Jede Verwertung außerhalb der engen Grenzen des Urheberrechtsgesetzes ist ohne Zustimmung des Verlags unzulässig und strafbar. Das gilt insbesondere für Vervielfältigungen, Übersetzungen, Mikroverfilmungen und die Einspeicherung und Verarbeitung in elektronischen Systemen.

ISBN 3-577-30829-X

Bücher aus dem Chronik Verlag sind immer ein persönliches Geschenk

Chronik Verlag

DIE PERSÖNLICHE CHRONIK

Vom 1. Januar bis zum 31. Dezember

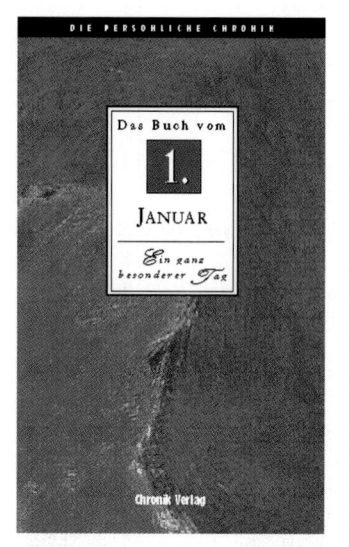

Individuelle Bücher – für jeden Tag des Jahres eines. Mit allen wichtigen Ereignissen, die sich genau an diesem besonderen Tag während der Jahre unseres Jahrhunderts zugetragen haben. Doch trotz all der großen Ereignisse des Weltgeschehens – es gibt immer auch persönlich wichtige Daten für jeden einzelnen Menschen, sei es ein Geburtstag, Hochzeitstag, Erinnerungstag oder der Tag, an dem eine entscheidende Prüfung bestanden wurde. So wird aus einem Tag im Spiegel des Jahrhunderts zugleich auch ein »persönlicher« Tag. Und endlich gibt es für all diese Anlässe das richtige Buch, das passende Geschenk!

Persönliches Horoskop

Was sagen die Sterne zu den jeweiligen Tagen? Außerdem erfahren Sie, welche bekannten Menschen unter dem gleichen Sternzeichen geboren wurden.

Ein ganz besonderer Tag

Hier erfahren Sie, was genau diesen Tag zu einem ganz besonderen Tag macht.

Die Ereignisse des Tages im Spiegel des Jahrhunderts

Von 1900 bis zur Gegenwart werden die Fakten des Weltgeschehens berichtet, pro Jahr auf einer Seite! Mit Beginn jedes Jahrzehnts wird die Dekade kurz in der Übersicht dargestellt. Aufgelockert sind die Fakten durch viele Abbildungen und Illustrationen.

Geburtstage berühmter Persönlichkeiten

Berühmte Personen, die an diesem besonderen Tag Geburtstag haben, finden sich mit ihrem Porträt und kurzer Biographie wieder.

Die persönliche Chronik

366 individuelle Bände
je 136 Seiten mit
zahlreichen Abbildungen
Gebunden

In allen Buchhandlungen

CHRONIK-BIBLIOTHEK DES 20. JAHRHUNDERTS

Von 1900 bis zur Gegenwart

Die »Chronik-Bibliothek« ist die umfassende Dokumentation unseres Jahrhunderts. Für jedes Jahr gibt es einen eigenen, umfangreichen und zahlreich – überwiegend farbig – bebilderten Band. Tag für Tag wird dabei das Weltgeschehen in Wort und Bild nachgezeichnet – jetzt lückenlos bis in die Gegenwart. Sie können das jeweilige Jahr in chronologischer Folge an sich vorüberziehen lassen, aber die »Chronik« auch als Nachschlagewerk oder als Lesebuch benutzen. Ein prachtvolles Geschenk – nicht nur für Jubilare. Und wer die »Chronik-Bibliothek« sammelt, erhält ein Dokumentationssystem, wie es in dieser Dichte und Genauigkeit sonst nicht zu haben ist.

»Chronik-Bibliothek« des 20. Jahrhunderts
Je Band 240 Seiten
600-800 überwiegend farbige Abbildungen
sowie zahlreiche Karten und Grafiken
12 Monatskalendarien mit mehr als
1000 Einträgen, circa 400 Einzelartikel,
20 thematische Übersichtsartikel
Anhang mit Statistiken, Nekrolog und Register
Ganzleinen mit Schutzumschlag

In allen Buchhandlungen